物流企业营商环境测度研究

陈碎雷 著

电子工业出版社

Publishing House of Electronics Industry

北京·BEIJING

内 容 简 介

本书从全球、国内、城市、企业四个层面阐述了营商环境的内涵、特点及发展趋势，介绍了国内外不同类型的营商环境评价指标体系，分析了物流企业营商环境的基本构成和影响因素；通过因子分析法和赋值法等研究方法确定指标构成和权重，构建了我国物流企业营商环境评价指标体系；以浙江省为例测度浙江省典型城市的物流企业营商环境综合指数，为物流企业营商环境的优化提供理论指导和数据支撑。同时，本书在案例部分增加了笔者近三年物流规划和物流建设方案等相关研究成果。

本书面对的读者主要是物流行业的从业者、政府主管部门相关人员，以及中高职院校和本科院校物流管理专业的师生。

本书受到浙江省科技厅软科学项目"'一带一路'倡议背景下浙江省物流企业营商环境评价指标体系与优化研究"（课题编号：2020C35029）、浙江省教育厅"十三五"教学改革研究项目"基于 1+X 证书制度的高职复合型技术技能人才培养研究与实践——以电子商务和物流管理专业为例"（课题编号：jg20190893）等项目基金的支持，是以上课题的综合性研究成果之一。

图书在版编目（CIP）数据

物流企业营商环境测度研究 / 陈碎雷著 . --北京：电子工业出版社，2023.1
ISBN 978-7-121-44962-8

Ⅰ . ①物… Ⅱ . ①陈… Ⅲ . ①物流企业—企业环境—投资环境—研究 Ⅳ . ①F253

中国国家版本馆 CIP 数据核字（2023）第 017543 号

责任编辑：魏建波
文字编辑：杜 皎
印　　刷：北京雁林吉兆印刷有限公司
装　　订：北京雁林吉兆印刷有限公司
出版发行：电子工业出版社
　　　　　北京市海淀区万寿路 173 信箱　邮编：100036
开　　本：787×1092　1/16　印张：9.25　字数：236.8 千字
版　　次：2023 年 1 月第 1 版
印　　次：2023 年 1 月第 1 次印刷
定　　价：49.00 元

凡所购买电子工业出版社图书有缺损问题，请向购买书店调换。若书店售缺，请与本社发行部联系，联系及邮购电话：（010）88254888，88258888。

质量投诉请发邮件至 zlts@phei.com.cn，盗版侵权举报请发邮件至 dbqq@phei.com.cn。

本书咨询联系方式：（010）88254609，hzh@phei.com.cn。

前　言

　　世界银行营商环境报告具有一定的权威性，其对营商环境的定义主要基于企业生命周期的视角，指伴随着企业活动整个过程（包括从开办、营运到结束的各个环节）中遵循政策法规所需要的时间和成本等条件的总和，是一项涉及经济社会改革和对外开放众多领域的系统工程。

　　党中央、国务院及各级政府为改善营商环境推出了诸多富有成效的改革措施。2018 年 10 月 29 日，国务院办公厅印发《国务院办公厅关于聚焦企业关切进一步推动优化营商环境政策落实的通知》，破解企业投资生产经营中的"堵点""痛点"，加快打造市场化、法治化、国际化营商环境，增强企业发展信心和竞争力。2019 年 10 月，国务院颁布了我国优化营商环境领域的第一部综合性行政法规——《优化营商环境条例》，为各地区优化营商环境实践提供指导方向与制度保障。

　　营商环境是影响市场主体活动的综合环境，良好的营商环境能够显著地降低市场存在的制度性成本，促进不同市场主体公平地获取生产要素，实现生产要素的市场化配置。企业营商环境建设是当前我国经济发展的重点和热点领域，物流业作为生产服务业，具备社会属性和经济属性，其对于行业营商环境的需求和偏好具有一定的代表性。相对而言，对于城市营商环境的概念界定和量化评估已较为成熟，能够为我们明晰物流企业营商环境的内涵及建立相应的评估框架提供重要的参考和借鉴。其中，一个基础性及重要性的问题在于，物流业的高质量发展需要怎样的物流企业营商环境。现有文献中有关物流企业营商环境的研究仍然很少，尤其是关于物流企业营商环境的指标体系构建及优化研究仍处于空白阶段。

　　本书通过对国内物流企业进行问卷调研和重点访谈分析，剖析我国物流企业营商环境现状及影响因素，根据物流企业营商环境的影响因素及评价原则，利用因子分析法、赋值法等实证研究方法构建我国物流企业营商环境评价指标体系，并以浙江省为例测度浙江省典型城市的物流企业营商环境综合指数，为营商环境的优化提供理论指导和数据支撑。

　　本书的创新点主要有：一、将营商环境的研究深入物流行业，通过问卷调研全国 31 个省（区、市）552 家物流企业，构建了我国物流企业营商环境评价指标体系，填补了国内物流企业营商环境的理论研究空白。二、采用 SPSS 软件，应用因子分析法等实证研究方法得到浙江省物流企业营商环境各项指标评价结果，以及浙江省 11 个地级市物流企业营商环境的得分和排序。三、依据物流企业营商环境评价指标体系，有针对性地提出各地区物流企业营商环境的优化战略和对策建议，不仅有利于我国物流企业的降本增效和转型升级，也有利于我国物流企业走出去，为国内物流企业参与"一带一路"倡议提供实践样本。

　　本书共六章，第一章从全球、国内、城市、企业四个层面阐述了营商环境的内涵、特点及发展趋势；第二章介绍了国内外不同类型的营商环境评价指标体系；第三章分析了物流企业营商环境的基本构成和影响因素，同时对影响因子重要度进行了分析；第四章通过因子分析法和赋值法等研究方法确定指标构成和权重，构建了我国物流企业营商环境评价指标体系；第五章以浙江省为例测度浙江省典型城市的物流企业营商环境综合指数；第六章从物流企业营商环境和存在的问题出发，从政务环境、市场环境、用地环境、税务环境、用工环境、融资环境等方面提出物流企业营商环境优化策略。

本书是浙江省科技厅软科学项目"'一带一路'倡议背景下浙江省物流企业营商环境评价指标体系与优化研究"（课题编号：2020C35029）、浙江省教育厅"十三五"教学改革研究项目"基于 1+X 证书制度的高职复合型技术技能人才培养研究与实践——以电子商务和物流管理专业为例"（课题编号：jg20190893）、温州市交通运输局重点项目"温州市创建全国绿色货运配送示范城市实施方案"、温州市发改委重点项目"温州市现代物流业发展'十四五'规划"等课题的综合性研究成果之一，并受到浙江省科技厅、浙江省教育厅、温州市交通运输局、温州市发改委等专项基金支持。

在本书撰写的过程中，得到了杨翼、汪焰、金寿松、成荣芬等知名教授的指导与帮助，以及编辑老师的支持，在此表示由衷的感谢。

由于本人学识和经验有限，本书难免存在遗漏或不当之处，敬请广大读者批评指正！

浙江工贸职业技术学院　陈碎雷

2021 年 11 月

目　录

第一章　营商环境概述

营商环境是指市场主体在准入、生产经营、退出等过程中涉及的政务环境、市场环境、法治环境、人文环境等有关外部因素和条件的总和。一个地区营商环境的优劣直接影响着招商引资的多寡，同时直接影响着区域内的经营企业，最终对经济发展状况、财税收入、社会就业情况等产生重要影响。

第一节　营商环境内涵

一、营商环境研究综述

（一）国外营商环境研究综述

营商环境已经成为国内外经济社会发展的重要组成部分，近年来欧美发达国家进一步加强了对行业营商环境的优化研究[1]。D. I. Prajoao（2016）提出要研究营商环境的作用，在澳大利亚国内随机选取了 2000 多家企业进行调研和数据收集，这些企业都是制造业类型，便于研究其对业绩波动的作用，以及生产出的商品的影响。最后结果证实了营商环境的重要性，其有利于企业加快产品变革和创造性生产的脚步，也让企业的利润较之前有很大的增长[2]。在企业融资方面，Li Dan，Manuel Portugal Ferreira（2011）提出企业通过哪种方式取得资本，一个重要决定因素就是外部商业环境[3]。营商环境差，担保体系构成不健全，致使有些落后的地方仅有政策性中小企业信用担保机构，而没有内生于市场的中小企业间互助性担保机构和商业性中小企业信用担保机构；担保机构少，担保品种单一，寻保困难；有的地方省级再担保机构至今没有成立，少了一道风险防线；各地担保机构之间还没有形成业务合作、分散风险的机制，担保业的组织化程度还很低。营商环境建设跟不上市场发展规律，城市发展就会受到制约。

在经济发展影响方面，Azmat Gani，Michael D. Clemse（2013）分析了经济合作与发展组织中按照收入类型（低、中、高）三种国家营商环境的细分指标和贸易之间的关系[4]。Nigel Driffield，Chris Jones，Jo Crotty（2013）提出企业要拥有较为稳定的经济、政治环境，不可能将资金投入营商环境不够平稳的国家[5]。Eva Hamplova，Katerina Provaznikova（2014）采用世界银行在 2013 年出具的营商环境报告中的中小企业的数据，对捷克和其他欧盟国家在经济方面的发展状况进行了对比分析，选取了近十年的统计数据，主要针对营商环境的建设对经济的影响，得出研究结论：捷克之所以与其他欧盟国家相比经济落后，在于该国没有重视营商环境的建设，包括法律、行政在内的各方面的工作都不够完善[6]。

（二）国内营商环境研究综述

在企业经营方面，徐昱、崔日明（2015）通过对山东省十七个城市中小企业发展速度影响因素的分析，发现在2006—2013年之间，当企业的数量呈爆发式增长时，也是当地的营商环境优越的时候，反之就是营商环境恶劣的时候[7]。孙丽燕（2016）对当前企业面临的营商环境研究成果进行系统梳理，并论述了营商环境对企业经营全程的影响分析，指出营商环境全程参与到企业运作，营商环境对企业本身的发展具有至关重要的作用[8]。

在企业融资方面，彭文心（2015）分析营商环境中的四个代表性指标（开办企业时间、登记财产时间、执行合同时间、政府透明度指数）对招商引资的影响，运用Eviews软件构建回归方程，估计出各个影响要素的具体影响数值，判断出各个影响因素的重要程度。研究表明，贵州省地处经济欠发达地区，很多外资企业不愿意来此开办企业，而且当地的企业很少积极地推动生产，最关键的是整体的营商环境很差，要提高当地的经济发展，首先就要有好的营商环境[9]。汝国梁、苏春娣（2017）提出2016年我国的民间投资增速明显放缓，通过分析国内民间投资增速放缓的原因及存在的障碍，提出天津市要打造良好营商环境，采取多种措施，如加大简政放权力度、推进供给侧结构性改革，进而促进民间投资力度的加大[10]。

在经济发展影响方面，董志强、魏下海、汤灿晴（2012）通过分析我国30个大城市营商环境的数据，对营商制度软环境与经济发展的关系进行检验，从而指出良好城市营商环境对城市经济发展具有显著的影响，特别是政府可以针对营商软环境指数包含的内容来改善制度、政策的质量，从而进一步营造更好的营商软环境，推进经济发展[11]。徐越倩、范钧（2016）立足浙江省营商环境经验，提出浙江省营商环境存在的问题，并指出良好的营商环境是生态经济发展路径的题中之义，提出从转变发展理念、打造法治政府和服务型政府、提升社会发展和公共服务水平、激发各类资源要素的创新活力等方面入手优化营商环境，把打造良好的营商环境作为发展生态经济的重要实现机制[12]。

二、营商环境定义

关于营商环境的具体概念，学术界未形成统一的定义，学者们从不同角度给出了不同的解释。例如，有学者认为，营商环境是一个地区或国家推动和限制商业活动的法律法规，由监管程序的复杂程度、法律制度的完善程度及政府的透明度构成；还有学者将气候、地理、经济政策、历史经济条件等可能影响经济发展的多种因素都纳入营商环境的概念之中，把营商环境归纳为自然的、历史的、地理的、经济的及政府的影响力[13]。营商环境是滋养企业发展、创新创业的丰厚土壤，直接影响国家或地区经济发展的质量和速度。

世界银行将营商环境界定为，企业从开办到结束的各环节中面临的外部环境状况（The World Bank，2019）[14]。

2019年10月，国务院公布了中国优化营商环境领域的第一部综合性行政法规——《优化营商环境条例》（以下简称《条例》），为各地区优化营商环境实践提供了指导方向与制度保障[15]。

《条例》结合世界银行的界定和中国国情，将营商环境定义为"企业等市场主体在市场经济活动中所涉及的体制机制性因素和条件"，并提出"建立和完善以市场主体和社会公众满意度为导向的营商环境评价体系，发挥营商环境评价对优化营商环境的引领和督促作用"。在营商环境的内涵上，国家"十三五"规划纲要将其划分为四个维度：公平竞争的市场环境、高效廉洁的政务环境、公正透明的法律政策环境，以及开放包容的人文环境。

"营商环境"一词 20 世纪 90 年代在我国香港就开始流行，但改革开放早期使用更多的词汇是"投资环境"，直到十几年后广东省才用这个词汇，随后被我国官方文件开始大量使用。"营商环境"概念在我国兴起时间比较短。近年来，世界银行每年发布营商环境报告（Doing Business Report），使社会各界对于营商环境日益重视，其逐渐进入学界研究视野。当前关于"营商环境"的解读，学界主要从国家治理和企业运营等两个角度进行了研究。

（一）国家治理视角

"营商环境"在某种意义上被视为等同于国家竞争力。陈翰咏（2017）指出，李克强总理在 2017 年国务院常务会议上连续两次突出强调了"全球竞争"，在新一轮"全球竞争"大背景下，当前许多发达国家，甚至发展中国家，都在大力优化营商环境，我们也要有紧迫感。在某种程度上，营商环境和制度性交易成本属于国家竞争力的"元要素"[16]。

金丹（2017）考察了越南国家竞争力水平取得稳步增长的成因，归因于越南采取融入国际经济进程、改善营商环境、帮助国内企业实现可持续发展的经济战略。同时，越南政府高度重视改善营商环境与提高国家竞争力之间的关系，连续多年出台有关改善营商环境、提高国家竞争力的任务和措施的决议[17]。董彪、李仁玉（2016）认为营商环境是指企业主体从事商业组织或经营行为的各种境况和条件，包括影响企业主体行为的政治要素、经济要素、文化要素等，是一个国家或地区有效开展交流、合作及参与竞争的依托，体现了该国或地区的经济软实力[18]。

总体而言，目前营商环境已成为评判经济发展前景和国家竞争力的重要参照，优化营商环境具有重要性和迫切性。

（二）企业运营视角

学界主要围绕营商环境范畴大小、企业生命周期和有形性与无形性等方面进行探讨。具体而言，许多学者将"营商环境"视为企业经营活动周期中的所有环境要素的总和。例如，彭向刚、马冉（2018）认为，广义上的营商环境就是一系列可能制约企业达到其最高生产率的外部影响因素的总和[19]。张国勇、娄成武和李兴超（2016）将营商环境进一步划分为硬环境和软环境。硬环境主要指企业在经营过程中需要的自然资源条件、硬件设施情况等，包括地理条件、矿产资源、高速公路、网络、科研机构等，软环境主要指政策、文化、制度、法律、思想观念等外部因素和条件的总和，包括政治环境、经济环境、社会环境、文化环境和法治环境等[20]。宋林霖、何成祥（2018）进一步指出营商环境主要是指企业在开办、运营、注销过程中所处的政治环境、经济环境、法治环境、国际化环境等各种外部软环境的总和，是一项涉及经济社会改革和对外开放众多领域的系统工程[21]。

与之类似，一些地方也将"营商环境"划分为硬环境和软环境。山西省、辽宁省、北京市、温州市等地出台的相关文件都强调要从软、硬两方面优化营商环境。总体来看，学界和实务界普遍认为营商环境是一项系统工程，既要改善基础设施等硬环境，更要发挥软环境的支撑、保障、激励作用。

三、营商环境特点

营商环境是一个国家（地区）参与国际竞争、增强国际交流与合作的重要依托，是一个国家（地区）经济软实力的重要体现，是提高国际竞争力的重要方面。营商环境作为多种因素综合作用形成的有机整体，具有以下特点。

（一）系统性

营商环境是由各种因素相互作用组成的有机整体，涉及经济、政治、社会、文化、生态等多个领域。因此，营商环境的优劣是各要素共同作用的结果，如果只强调其中一个或几个因素，就会陷入片面性和盲目性。提升营商环境是一项系统工程，必须从整体出发，全面考虑，重点提升营商环境中的短板和薄弱环节，从而达到整体上增强城市营商环境的目的。

（二）开放性

城市是一个开放的系统，它在同外界进行物质、信息交换的同时，不断吸收新的要素，以适应环境变化。随着城市的发展，影响城市营商环境的因素也在不断改变，营商环境指标也应随之变化。

（三）动态性

城市营商环境的开放性决定了城市营商环境的动态性。因此，必须从发展变化的角度来研究营商环境，总结其变化的规律。同时，营商环境的动态性也意味着提升和优化营商环境是一项长期性的工作，在实践中要做好打"持久战"的准备。

（四）相对性

营商环境是一个相对概念：一方面，通过城市之间的横向比较才能反映营商环境的优劣；另一方面，随着城市营商环境的变化和时代的变迁，同一城市在不同的发展阶段其营商环境也会有变化。

党的十八大以来，党中央、国务院高度重视优化营商环境的工作。习近平总书记强调，营商环境只有更好，没有最好，要坚持对外开放基本国策，大幅度放宽市场准入，加大保护知识产权力度，创造更具吸引力的投资和营商环境。进一步优化营商环境，是促进高质量发展、应对复杂形势的重要举措。

党中央、国务院高度重视优化营商环境工作。2019年10月23日，国务院总理李克强签署国务院令，公布《优化营商环境条例》（以下简称《条例》），自2020年1月1日起施行。《条例》认真总结近年来我国优化营商环境的经验和做法，将实践证明行之有效、人民群众满意、市场主体支持的改革举措用法规制度固化下来，重点针对我国营商环境的突出短板和市场主体反映强烈的痛点、难点、堵点问题，对标国际先进水平，从完善体制、机制的层面做出相应规定。

TCL集团董事长李东生认为，营商环境的改善让企业更快获得投资回报。企业的营商环境从宏观角度上讲，是一个国家的制度建设、法制建设和体制的改革。持续深化改革将进一步改善中国的宏观营商环境，增强非公有制经济和外资企业的投资信心。同时，从具体层面来看，企业所在的每一个城市的营商环境对企业的发展、企业投资信心的提升也是非常重要的。例如，TCL旗下华星光电新型显示器件生产线项目的建设，该项目于2016年投资建设，投资金额465亿元，征地面积100多万平方米，涉及环评和政府基础设施建设等方面，工程量之大、营商复杂程度难以想象。在当地政府的支持下，该项目用不到5个月的时间就完成了整个规划、配套、环评及征地拆迁的任务，并使该项目提前一个月动工[22]。

近年来，各地区、各部门按照党中央、国务院部署，顺应社会期盼，持续推进"放管服"等改革，我国营商环境明显改善。为了持续优化营商环境，不断解放和发展社会生产力，加快建设现代化经济体系，推动高质量发展，有必要制定专门行政法规，从制度层面为优化营商环境提供更为有力的保障和支撑。

四、营商环境发展趋势

在经济全球化的今天，营商环境已成为世界各大经济体激烈竞争的重要抓手，"营商环境就是生产力""营商环境比金子还贵""营商环境是追赶超越的关键抓手"等理念深入人心，国内外政府机构高度重视，锲而不舍地狠抓优化营商环境。有国际机构发布的报告显示，一些发展中国家营商环境指标排名大幅上升，人们印象中一些基础设施欠缺、发展滞后的国家，也正加大力度优化营商环境。

（一）以世界银行为代表的国际机构对营商环境的重视，推动各个国家和地区不断努力改善各自的营商环境

优化营商环境是提升区域竞争力的最直接手段之一，也是适应当前经济社会发展的必然趋势。世界银行自 2003 年开始，应用量化指标，如开办企业、办理施工许可、获得电力、登记财产、获得信贷、保护中小投资者、纳税、跨境贸易、执行合同、办理破产和劳动力市场监管等[23]，分析商业监管法规和产权保护的变化，衡量不同经济体的监管法规是否有助于推动或限制商业活动，记录国际优化营商环境的进程，并定期发布营商环境报告。2003—2018 年的数据分析表明，良好的营商环境会使投资率增长 0.3%，GDP 增长率上升 0.36%。这十五年里，实施改革数量最多的领域是针对开办企业方面的法规，共有 626 项，突出变化：全世界开办新的中小企业平均耗时缩短至 20 天以下，2003 年耗时为 52 天；有 65 个经济体的创业者可以在网上完成至少一项公司注册手续，2003 年时只有 9 个经济体；所有地区都推行了"使营商更为容易"的法规改革；印度为营商环境进步最大的国家，2018 年排名较 2017 年跃升 30 位，至第 100 位。2014 年 9 月，印度提出"印度制造"倡议——将印度打造成全球最受欢迎的制造业目的地，采取了一系列改善营商环境的措施。

我国营商环境国际排名从 2013 年的第 96 位上升至 2018 年的第 78 位。这五年间，我国积极实施了一系列"简政放权"措施，国务院部门行政审批事项减少 44%，彻底终结非行政许可的审批，中央政府层面批准的企业投资项目缩减 90%，压缩行政审批中介服务事项 74%，大幅减少职业资格许可和认定等[24]，改革成果突出。但是，我们也要清醒地看到我国在国际营商环境总体排名中位次偏中等，在亚洲经济体排名中，位于新加坡、韩国、日本之后；改革进步较大的只有开办企业（开办手续从 9 项减少到 7 项）和企业纳税（税收占企业盈利的平均比重从 2017 年的 68%降到 67.3%）两方面；所需平均时间从 28.9 天缩短为 22.9 天，但仍高于世界各国开办企业的平均时间 20 天以下。对照国际量化指标，我国在办理施工许可、获得电力、登记财产、获得信贷、跨境贸易和劳动力市场监管等方面，仍存在较多需要改革的地方。为此，我国政府紧锣密鼓地制定相关政策，加快改革步伐，特别是从 2018 年 3 月 28 日以来召开的 7 次国务院常务会议均涉及减税降费问题，出台了一揽子"真金白银"政策措施，预计全年减税降费将达到 1.1 万亿元。这充分彰显了政府为市场减负、深化"放管服"改革的坚定决心。优化营商环境是增强国际竞争力的重要抓手，也是适应当前经济社会发展的必然趋势。

（二）我国经济发展进入新时代，国内不少地区高度关注营商环境，竞相推出行政审批改革措施

深化"放管服"改革、优化营商环境是对标国际一流城市发展水平的迫切需求。2017 年 11 月 9 日，粤港澳大湾区研究院根据六类指标，即软环境、市场环境、商务成本环境、基础设施环境、生态环境和社会服务环境，分别占比 25%、20%、15%、15%、15%、10%[25]，发布了 2017 年中国城市营商环境排名前 10 位的城市，分别是广州、北京、深圳、上海、重庆、南京、杭州、宁波、青岛、武汉。广州、北京、深圳、上海等一线城市经济活跃，投资创业需求较旺盛，对开办企业便利度要求较高，总体营商环境优势比较明显，基本形成了对人才、资源、技术和资金等长期的磁石效应。重庆、武汉等中西部地区城市整体营商环境良好，在深化简政放权、转变政府职能的基础上，需要在尽快改善投资软环境、降低企业注册时间和资金成本、降低执行合同的成本、增强投资吸引力等方面加大力度。郑州市生态环境指数得分排名最后，海口、昆明、南宁排前三名，生态环境指数包括空气、建成区绿化覆盖率、废水 3 个指标，权重各为 1/3。

2018 年 3 月 1 日，《亚布力论坛·新华中国营商环境指数》通过对以生态要素为支撑的投资环境、效率成本为关键的市场环境、民企外企为重点的开放环境、透明公平为原则的竞争环境四个方面，从人力资本、资金资本、网络资本、创新资本、运行效率、运行成本、对外开放、对内开放、公平性、透明性、稳定性 11 个功能维度进行分析，发布 2018 年排名前 10 位的城市，依次是深圳、杭州、广州、武汉、成都、南京、厦门、合肥、苏州、无锡；郑州排名第 16 位。从前三甲情况看，深圳作为改革开放前沿城市，并没有止步于已取得的成绩，推出关于加大营商环境改革力度的若干措施；杭州作为浙江"最多跑一次"改革的领头羊，多点突破，系统联动，示范带动效应明显；广州以着力打造全国最具有吸引力的营商环境为目标，行政办事效率显著提升。总之，以上城市对标国际一流，深化放管服改革，深挖创新潜力，全方位引进人才，凭借优厚的产业优势、过硬的改革力度及创新的发展思路位于全国前列。

我国在此次全球营商环境评价中取得显著进步，其中，获得电力、开办企业、保护中小投资者等指标上升最为明显[26]。营造稳定、公平、透明和法治化的营商环境，是面向全球打造竞争新优势、构建开放型经济新体制、推动经济高质量发展的重中之重，也是凸显一个城市软实力和核心竞争力的重要标志。同时，营商环境是动态变化的，没有最好，只有更好。所以，改革只有进行时，没有完成时。

第二节　全球营商环境

一、全球营商环境现状

《2019 年营商环境报告》是系列年度营商环境报告的第 16 期，这些年度报告对推动和限制商业活动的监管规则进行考察。报告就商业法规和产权保护提供量化指标，从而对从阿富汗到津巴布韦的全球 190 个经济体进行横向与纵向比较。报告覆盖了影响企业生命周期 11 个领域的监

管法规，它们是开办企业、办理施工许可、获得电力、登记财产、获得信贷、保护中小投资者、纳税、跨境贸易、执行合同、办理破产和劳动力市场监管。2010—2019 年度全球营商环境排名前十位的国家和地区如表 1-1 所示。2010—2019 年度全球营商环境排名中金砖五国的排名如表 1-2 所示。

表 1-1　2010—2019 年度全球营商环境排名前 10 位的国家和地区

名次	2019 年	2018 年	2017 年	2016 年	2015 年	2014 年	2013 年	2012 年	2011 年	2010 年
1	新西兰	新西兰	新西兰	新加坡	新加坡	新加坡	新加坡	新加坡	新加坡	新加坡
2	新加坡	新加坡	新加坡	新西兰	新西兰	中国香港	中国香港	中国香港	中国香港	新西兰
3	丹麦	丹麦	丹麦	丹麦	中国香港	新西兰	新西兰	新西兰	新西兰	中国香港
4	中国香港	韩国	中国香港	韩国	丹麦	美国	美国	美国	英国	美国
5	韩国	中国香港	韩国	中国香港	韩国	丹麦	丹麦	丹麦	美国	英国
6	格鲁吉亚	美国	挪威	英国	挪威	马来西亚	挪威	挪威	丹麦	丹麦
7	挪威	英国	英国	美国	美国	韩国	英国	英国	加拿大	爱尔兰
8	美国	挪威	美国	瑞典	英国	格鲁吉亚	韩国	韩国	挪威	加拿大
9	英国	格鲁吉亚	瑞典	挪威	芬兰	挪威	格鲁吉亚	冰岛	爱尔兰	澳大利亚
10	北马其顿共和国	瑞典	北马其顿共和国	芬兰	澳大利亚	英国	澳大利亚	爱尔兰	澳大利亚	挪威

表 1-2　2010—2019 年度全球营商环境排名中金砖五国的排名

国家	名次									
	2019 年	2018 年	2017 年	2016 年	2015 年	2014 年	2013 年	2012 年	2011 年	2010 年
中国	46	78	78	84	90	96	91	91	87	78
俄罗斯	31	35	40	51	62	92	112	120	124	116
南非	82	82	74	73	43	41	39	35	36	32
印度	77	100	130	130	142	134	132	139	139	135
巴西	109	125	123	116	120	116	130	126	120	127

通过分析表中数据，可以看出：

新西兰营商环境全球最佳。新西兰经济的市场化、法治化程度较高，政府管理较为透明高效，政治稳定，社会安全，具有发达的通信、公路、铁路、海运和能源网络。因此，在世界银行发布的营商环境排名中，新西兰常年稳居前三位，特别是在开办企业、保护中小投资者及获得信贷等方面，一直稳居第一位。

以英美为代表的欧美发达国家，营商环境总体水平较高且较稳定。英美等欧美国家同属经济合作与发展组织中发达国家，且都已经进入后工业化时期，经济总量一直处于全球前列，在营商环境的建设上也形成了一套较为完善的制度和成熟的规则，与中国等新兴市场经济体相比存在巨大的优势。

以新加坡、韩国为代表的亚洲新兴发达经济体，营商环境十分友好，对我国特别是广东等沿海地区有重要的借鉴意义。得益于完善的金融体系、完全自由化的贸易制度、便捷的开办企业程序及对中小投资者的保护，新加坡、韩国、中国香港营商环境常年稳居全球前列，新加坡更是连续十年稳居全球营商环境第一位（2017—2019 年为第二位）。另外，由于地缘相近，人文相通，商贸往来历史悠久，因此新加坡、韩国及我国香港地区对广东等沿海省市有着重要的借鉴意义。

金砖国家营商环境改善较快，全球排名持续大幅上升。金砖国家对营商环境优化普遍重视，除巴西外，其他金砖国家营商环境排名逐年提高，特别是俄罗斯。俄罗斯通过减少行政壁垒、提高政府机构工作的透明度等举措大幅改善营商环境，不到十年时间，俄罗斯营商环境排名大幅提升近 90 位，是全球营商环境改善最快的国家。

二、全球优化营商环境典型做法

自 2003 年首次发行以来，世界银行的营商环境报告在其衡量的 10 个商业监管领域内已经引发了 3500 余项改革。

（一）新加坡：为企业开办、税收政策、投融资服务提供支持

自 2006 年起，新加坡连续十年蝉联全球营商环境榜首，其主要做法：一是为企业开办提供三个便利。注册程序简便：只需登录新加坡会计与企业管制局的商业文件系统，便能在线完成公司及海外分支机构的注册登记。商用设施便利：企业办公选址不论处于任何地带、任何区域环境下，都具备完善的基础配套设施。招募员工容易：新加坡是知识智力型人才富集地，不仅拥有强大的本地人才队伍，而且大力引进国际精英人才。二是系统、科学且针对性强的税收政策。新加坡签署了 50 个避免双重课税协定、30 项投资保证协议，使在新加坡进行跨国业务的总公司享有税收优惠。针对批准的国际航运企业计划与全国商人计划，赋予 10% 或 5% 优惠税率的资格收入。三是发达的投融资服务。新加坡的融资租赁市场非常成熟，可根据不同类型的贸易企业提供多样的融资模式，对于投资海外的公司，提供"保险+贷款"的融资模式。四是构建多边贸易体系。新加坡与美国、日本、澳大利亚、新西兰等主要经济体国家签署了自由贸易协定，还签署了 36 项投资担保协议，主要是规避本国企业在国外投资的非商业性风险。同时，新加坡与 50 多个国家签署的避免双重征税协议确保对在新加坡成立的企业公平征税。五是健全、完备的商业法规体系。新加坡在知识产权保护、人才引进、工资福利待遇、移民、电子商务等方面拥有完备的法规体系，有健全、公正的司法审判体系及援助企业解决纠纷的有效渠道。新加坡具有世界上最好的知识产权保护体系，主要法律有《专利法案》《商标法案》《注册商标设计法》和《版权法》，为企业提供强有力的知识产权保护[27]。

（二）丹麦：在简政增效、就业保障、"双创"发展等方面提供支持

近年来，在世界银行营商环境报告中，丹麦均居欧洲首位，其主要做法有三个方面：一是简政增效。丹麦政府一方面采取免除注册企业管理层自然人居民的要求，缩减企业注册时间至 24 小时；另一方面扩大公共投资，投入 33 亿克朗用于提高水电气等公共事业效率，同时鼓励私人企业参与竞争。这些措施使丹麦国内经济在 2017 年、2018 年分别增长 1.5% 和 1.8%，通胀水平、国家债务水平和失业率均持续处于低位。另外，丹麦在国际上是屈指可数的长期保持 3A 信用评级的国家之一，为外国公司到丹麦投资创业提供了良好的信用条件。二是就业保障政策。丹麦通过建立灵活的雇佣和解雇员工政策、失业安置政策和劳动力市场政策，来保障企业运行的稳定。三是大力支持"双创"发展。丹麦政府研发支出占 GDP 比重达到 3.03%，位居欧盟第三，主要支持医药业及"高效、清洁、可持续"的新能源发展，如利用风力、秸秆和垃圾发电等。同时，丹麦吸引科技产业巨头 Meta 和苹果公司落户建立大型数据中心。

（三）中国香港："市场主导、政府促进"，推进优化营商环境

近年来，在世界银行营商环境报告中，中国香港连续位于全球第五名，其主要做法有五个方面：一是坚持奉行"市场主导、政府促进"的原则。香港特区政府以发展和推动经济为基调，维持"大市场、小政府"，提供广阔、公平、公开的平台，让市场充分发挥作用。香港特区政府不设置任何贸易屏障、投资限制或外汇管制，只负责营造投资环境，保障基础性设施建设，制定各项法律法规及监管条例。二是成立专门机构，促进企业发展。香港特区政府早在 1996 年就推行方便营商计划；1997 年成立专门永久机构工商服务业推广处；2006 年又成立方便营商咨询委员会，下辖 10 个涵盖不同行业的营商联络小组。香港还专门成立中小企业资讯中心，支持企业创新创业发展；同时联合半官方机构和民间组织成立投资推广署及在世界主要商业城市设立 30 多个香港经济贸易办事处，共同促进外商来港投资。香港特区政府一直扮演着"超级联系人"的角色，致力于将外资引进来，助力内资走出去。三是简单稳定、统一快捷的税收特点。香港企业平均每年需缴税三次，总耗费时间为 80 小时，企业只缴纳在港盈利的 16.5%作为企业所得税，离岸收入、股息、利息、资本性收益等无须缴纳，不设增值税、营业税等。四是发达的投融资服务。香港是世界第三、亚洲排名第一的金融中心城市，资本市场完全开放，拥有各类融资渠道和工具，具有很高的融资自由度，对借贷没有额度限制，拥有全球最开放的债券市场。五是完善知识产权法律保护。香港有 800 多所本地律师事务所和 60 多所外国律师事务所，有 7000 多位执业律师和出庭律师，世界排名前 50 位的法律公司超过 50%在香港设立分部，世界排名前 100 位的国际法律企业超过 70%在香港有业务，这为香港成为国际法律资本中心奠定了坚实基础。

三、全球营商环境评价指标体系案例

世界银行的营商环境报告利用开办企业、办理施工许可、获得电力、登记财产等 11 个测算指标，考察各个指标的制度建设规范性、完善性和企业行为的市场化水平；经济学人智库公布的营商环境评价指标模型结合宏观环境和市场重点要素领域的评价指标，通过对政治环境、经济社会环境、市场机制等进行系统的评价来研究地区的市场化水平；科尔尼公布的全球城市指数主要从人力资本、商业活动、文化活动、信息交换、政治环境对城市的国际化发展水平进行评价[28]。全球营商环境评价指标体系如表 1-3 所示。

表 1-3　全球营商环境评价指标体系

指标名称	一级指标	二级指标
世界银行营商环境评价指标体系	开办企业、办理施工许可、获得电力、登记财产、获得信贷、保护中小投资者、纳税、跨境贸易、执行合同、办理破产、劳动力市场监管	开办企业程序、开办企业时间、开办企业成本、最低法定资本金；手续、时间、成本、建筑质量控制；手续、时间、成本、供电可靠性和电费透明度指数；财产登记程序、时间、成本、土地管理质量指数；合法权利力度指数、信用信息深度指数、信用登记范围、信用局覆盖率；披露程度指数、董事责任程度指数、投资者诉讼便利度指数、投资者权利指数、利益冲突程度监管指数、公司透明度指数、所有权范围和控制权指数、投资者治理程度指数、中小投资者保护指数；缴税频率、税及派款总额、时间、报税后程序指标；出口时间、出口成本、进口时间、进口成本；时间、成本、司法程序质量指数；回收率、时间、成本、是否持续经营、破产框架力度；雇佣员工、工作时间、裁员规则、裁员成本

续表

指标名称	一级指标	二级指标
经济学人智库营商环境评价指标体系	政治环境、经济社会环境、市场机制、国际自由竞争、外商投资、国际贸易及汇率管制、纳税、金融、劳动力市场、基础建设	政策稳定性与有效性；财政支出占 GDP 比重、通货膨胀率、经济决策质量；GDP、区域一体化程度、占世界货物贸易额比重；对民营企业的进入限制、私有财产保护、知识产权保护；文化开放度、对投资者的保护；资本项目的开放程度、贸易保护政策；企业赋税、对企业的补贴与鼓励；金融开放度、金融监管程度；劳动法规制度；网络通信设施、交通及其他基础设施等
科尔尼全球城市指数体系	人力资本、商业活动、文化活动、信息交换、政治环境	高等教育人才数、科技投入经费；跨国公司总部数量、反补贴政策；网络传播和媒体的接入等；饮食文化；国际机构数量、智库数量、举办国际政治会议数量等

第三节　国内营商环境

一、国内营商环境概况

推动高质量发展离不开高质量的营商环境做支撑。世界银行《2020 年营商环境报告》显示，由于大力推进优化营商环境改革，我国营商环境全球排名继 2018 年大幅提升 32 位后，2019 年再度跃升 15 位，居全球第 31 位，连续两年被评为全球营商环境改善幅度最大的十大经济体之一。

为加快打造市场化、法治化、国际化的营商环境，党中央、国务院做出了一系列重大部署，出台了许多优化营商环境的政策文件。同时，各地按照党中央、国务院部署，纷纷出台优化营商环境条例，通过简化审批许可、放宽市场准入、规范经营运行、强化监督检查等多措并举，整合优化涉企事项，从行政体制角度优化营商环境。经过各级政府的努力，我国营商环境得到极大提升。世界银行对各国营商环境指数的排名显示，2017 年我国营商环境在全球排第 78 名，2019 年排第 31 名，排名上升了 47 位，表明我国营商环境的优化工作取得巨大成效。然而，基于"放管服"改革的营商环境优化主要作用于审批事项简化和企业经营软环境提升上；随着"放管服"改革持续深入，对于一些影响企业发展的非制度性地区因素如何优化是接下来需要关注的领域，这为后续的政策取向提供了新的挑战。

世界银行对我国营商环境的评价排名只涉及北京和上海两个城市，为了全面衡量我国各省市地区营商环境发展的现状，促进各地重视营商环境建设，我国在世界银行指标的基础上，建立了更符合我国实际、更全面的"中国营商环境评价指标体系"，于 2020 年在全国地级及以上城市全面开展营商环境评价，定期发布中国营商环境报告。

北京、上海等地从 2018 年开始，推出了一系列大力度的营商环境改革专项行动，包括推出网上注册系统、简化社会保障登记流程，扩容网络、推出用电申请手机客户端 App、提供全免费的接电服务等，营商便利度显著改善。我国因此成为东亚及太平洋地区唯一进入 2019

年度营商环境十大最佳改革者名单的经济体。根据世界银行《2019年营商环境报告》，我国营商便利度总体排名第46位，比上一年大幅提高32位，首次进入世界前50位。我国2019年营商环境各领域得分和排名如图1-1所示。从各细分领域得分看，我国在获得电力、执行合同方面情况较好，但在办理施工许可、获得信贷、保护中小投资者、纳税、办理破产等领域差距非常明显，特别是办理施工许可和纳税，处于世界中下游水平，和我国经济大国地位及未来开放型经济建设并不相符，是未来深化打造国际化营商环境需要突破的重点领域。

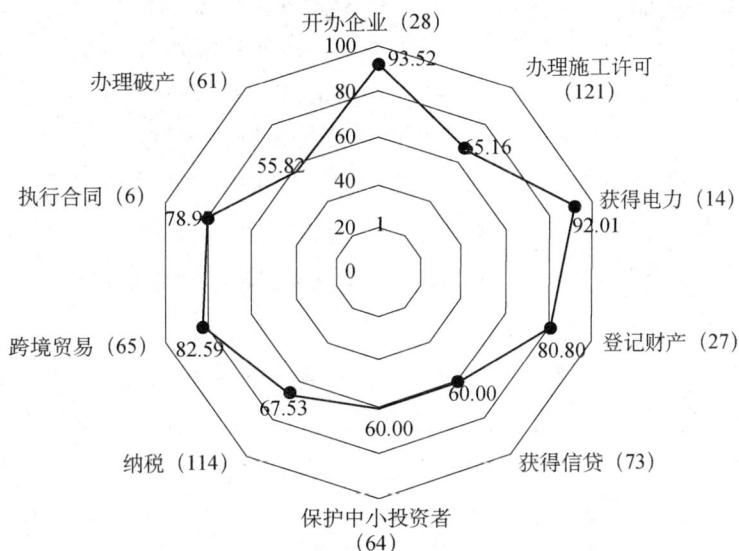

图1-1　我国2019年营商环境各领域得分和排名

二、我国营商环境优化政策举措

2017年7月，习近平总书记强调要改善投资和市场环境，并指示"北京、上海、广州、深圳等特大城市要率先加大营商环境改革力度"。2018年，国务院政府工作报告4次提到"营商环境"，强调要"建设国际一流营商环境"，促进外商投资稳定增长。2019年，国务院政府工作报告提出，要深化"放管服"改革，打造好发展软环境。自2018年2月以来，国家发展改革委、财政部、国家电网等部门和单位，针对世界银行评价体系各项指标，制定了针对性的改进措施，主要出台了《国务院办公厅关于进一步压缩企业开办时间的意见》（国办发〔2018〕32号）、《国务院办公厅关于开展工程建设项目审批制度改革试点的通知》（国办发〔2018〕33号）、《用户"获得电力"优质服务情况重点综合监管工作方案》《提升跨境贸易便利化水平的措施（试行）》等一批政策文件，对我国营商环境各细分领域砍环节、减时间、优流程、降费用等提出具体的要求。同时，最高人民法院出台《关于为改善营商环境提供司法保障的若干意见》，就优化执行合同、办理破产等进一步强化保障。

三、国内优化营商环境典型做法

党的十八大以来，在地方各级党委和政府扎实推进简政放权改革的基础上，聚焦企业和群众反映突出的"办事难、慢，多头跑、来回跑"等问题[29]，探索了许多行之有效的办法。

（一）做好简政放权的"减法"，推进审批服务便民化

2017 年底，浙江省"最多跑一次"事项覆盖 80%，一次办成的比率是 87.9%，群众满意度达 94.7%，初步实现"最多跑一次是原则、跑多次为例外"。江苏省在全面推进"不见面审批"改革中，通过推广"个体工商户登记手机通"，力争实现"网上办、集中批、联合审、区域评、代办制、不见面"的办事效果，同时推广房地产交易涉税事项网上办。安徽省明确 2018 年底全面实现企业、群众到窗口办事"最多跑一次、多次是例外"。上海市建立企业注册"一窗通"服务平台，变不动产登记、交易、税务、登记为一个窗口办理。武汉市实现"马上办、网上办、一次办"，将需要企业和群众"跑腿"的服务事项，按市、区、街道（乡镇）三级分类编制 9653 项"三办"清单，确定"马上办"事项 4820 项、"网上办"事项 4306 项、"一次办"事项 7745 项[30]。

（二）做强监管的"加法"，放管结合，有效衔接审批与事中、事后监管

1. 建立行政问责机制

浙江省建立"12345"统一政务咨询投诉举报平台，将各部门非紧急类政务热线及网上信箱等网络渠道整合，创建"统一接收、及时分流、按责转办、限时办结、统一督办、评价反馈、行政问责"机制[31]。广东省将营商环境建设列为重点督查事项。安徽省明确政府应依法兑现招商引资书面承诺，未经正当程序不得随意改变。上海市将营商环境建设情况列为市委巡视专项内容，计划通过明察暗访提升窗口服务水平。

2. 建立事中、事后监管体系

浙江省成立综合行政执法局，建立"部门专业执法+综合行政执法"体系，全面推行"双随机、一公开"监管，完善"两库一细则"，实施包含诚信管理、分类监管、风险监管、联合惩戒和社会监督"五位一体"的事中、事后监管体系，建立"数据+技术"共享机制。浙江省运用系统工程方法论，在加强"互联网+政务服务"的顶层规划基础上，建设了全省统一的政务服务网。江苏省于 2017 年 6 月正式运行政务服务网，实现省市县三级审批（服务）事项上网管理，变"面对面"审批为"键对键"审批[32]。上海市以"互联网+监管"新模式为突破，打造规范、审慎的政府监管环境。深圳市提出以"信息技术+制度创新"为基础，对企业开办、施工许可、税费缴纳、用电报装、不动产登记、水气供应 6 类事项实现"一网通办"。

（三）做实服务的"乘法"，通过政策和资金的支持，放大服务效应，营造综合成本适宜的产业发展环境和更加开放的贸易投资环境

1. 着力减少企业运营成本

江苏省明确 2018 年降低企业电费成本 35 亿元。湖北省财政厅通过财智服务平台，针对自贸区企业的需求，为企业提供集公共服务、专业服务、综合服务于一体的智能化综合财会服务，有效降低自贸区企业（特别是初创企业、中小微企业）管理成本负担并提高管理效率。

2. 大力支持企业减税降费

安徽省淮南市自 2018 年 1 月 1 日起，下调城镇土地使用税等级税额，为企业减负约 2.2 亿元；降低企业职工养老和失业保险费率，年减轻企业负担约 1.4 亿元。深圳市探索与国际接轨的税收管理与服务模式，简并纳税申报期限。

3. 加大投融资服务

浙江省鼓励省属国企引入符合条件的外资参与混合所有制改革当中；支持民企国内上市、"新三板"挂牌和区域性股权市场融资，外企享受同样待遇；支持外企在境内外发行债券，允许回流境外发债资金。深圳市支持符合条件的企业申报发行城市停车场、地下综合管廊、战略性新兴产业、"双创"孵化、配电网建设、社会领域产业等国家重点支持的专项债券；加大对符合条件的融资担保公司代偿损失的补偿力度；鼓励银行开展特许经营权、政府采购订单、收费权、知识产权新型融资方式等。

4. 加大对外开放力度

首先，探索建立开放体系。浙江省制定"1+1+5"的对外开放政策体系，主要以"一带一路"建设为统领，着力构建促进外资增长、培育外贸竞争新优势、推进工业和信息化全球精准合作、提升人才国际化水平和加强境外安全保障全面开放新格局。其次，开展外资企业业务试点。浙江省支持外资企业在自贸试验区内开展飞机、船舶等租赁业务，并争取发展对租金收取外币业务试点[33]；同时，在嘉兴、湖州率先建设高质量外资集聚先行区，创新完善招引高质量外资的体制机制和政策举措。最后，加大人才引进力度。浙江省全面实施外国人才签证制度、外国人才来华工作许可制度，健全外国人才引进制度。深圳市放宽港澳专业人士执业许可。拥有港澳执业资格的金融、会计、规划、设计、建筑、医疗等港澳籍专业人士，经批准后可在全市执业[34]。

5. 加大招商引资的政策优惠

浙江省对列入省市县长项目工程的外资项目，采取"一事一议"方式给予优惠。新引进外国跨国公司地区总部，所缴税收形成的地方财政收入省分成部分首次超过 1 亿元的，将其当年省分成部分的 50%一次性返还当地政府（最高不超过 1 亿元）[35]；从 2018—2020 年，每年安排 2 亿元用于利用外资专项工作激励。深圳市加大利用外资财政奖励力度，符合省财政奖励条件的，市财政予以 1：1 资金配套；外资跨国公司总部或地区总部对市级财政年度贡献首次超过 1 亿元的，市财政按其当年对市级财政贡献量的 30%给予一次性奖励（最高奖励 1 亿元）。

6. 建立高效的贸易便利化制度

广东省将实现"单一窗口"标准版口岸和应用项目全覆盖。上海市对标国际上的最高标准、最好水平，探索在自贸试验区以"准入前国民待遇+负面清单"为核心的投资管理制度，建成覆盖九大功能板块、贯通 23 个口岸和贸易监管部门的国际贸易单一窗口，降低集装箱跨境物流成本，提高办事环节透明度。深圳市制定实施深圳口岸收费目录清单；取消外贸企业舱单服务费；落实出口退税企业信用管理办法，探索"互联网＋出口退税"，提高退税效率；为深圳"中欧班列"提供财政支持。

（四）解决顽疾的"除法"，倒逼政府改革

1. 转变服务理念

江苏省推崇最好的审批服务，即老百姓似乎感觉不到服务，却被服务得很好；相关部门

没怎么干预，却已把依法应当审核的信息处理完成。

2. 主动对接企业

辽宁省成立全国第一个"省营商环境建设监督局"，统一负责全省营商环境建设。上海市成立服务企业联席会，为企业提供兜底式服务。安徽拟开展"四送一服"双千工程，协助企业用好政策。

3. 创新改革举措

广东省推进"多评合一"，建立联合踏勘、联合验收、并联办理等制度。江苏省实行"3550"改革，要求"3个工作日内开办企业、5个工作日内获得不动产登记、50个工作日内取得工业建设项目施工许可证"。上海市稳步推进商事制度改革，率先开展企业名称登记改革试点，首创工业产品生产许可证"一企一证"改革；对工程项目实施分类管理，精简办理环节至10个；将办电环节减少至2个。武汉市围绕"3个绿色通道""3张流程图""3张清单"，联合攻关解决企业和群众办事的难点、堵点。

4. 加大知识产权保护

国家知识产权局局长申长雨表示，为进一步塑造良好的营商环境，应努力实现知识产权保护从不断加强到全面从严转变。广东省创新成立了知识产权法院、自贸区法院和自贸区检察院，围绕"一带一路"建设，组建了全国首个案件专业合议庭、首家破产管理人自治组织，同时完善产权保护制度，并开展16项法律改革服务创新。

四、国内营商环境评价指标体系案例

"上海国际贸易中心指标体系"和"深圳国际化城市建设指标体系"是国内城市国际化评价指标体系的重要代表，在对经贸发展、投资开放等进行评价的基础上，从明确城市发展定位和强化城市服务功能的视角，引入对金融、文化、教育、电子商务等重点产业的评价。"商务环境评价指标体系"主要对区域发展的市场化、国际化和城市服务功能三大方面进行评价，是具备综合性的区域营商环境评价指标体系。《2017年中国城市营商环境报告》从宏观的角度将营商环境分为六个维度，分别是软环境、市场环境、城市基础设施、商务成本、社会化服务环境及生态环境，为中国主要省份和城市的营商环境评估提供了重要参考[36]。营商环境评价指标体系国内案例如表1-4所示。

表1-4　营商环境评价指标体系国内案例

指标名称	一级指标	二级指标
上海国际贸易中心指标体系（2009）	经济总量、港口货物吞吐量、贸易规模、现代服务业发达、金融高度对外开放、贸易主体多元化、电子商务发达	经济总量在国内和国际上具有重要地位，人均GDP处于中等发达国家水平之上；口岸货物吞吐量和集装箱量在世界上具有重要地位；外贸依存度在150%以上；第三产业产值在GDP中的比重达到50%以上；商贸流通企业达到20万家以上；跨国公司总部和重要地区总部云集；外国银行达到200家以上；电子商务交易额占国际贸易总额的30%以上

续表

指标名称	一级指标	二级指标
深圳国际化城市建设指标体系（2014）	经济开放、创新文化、宜居宜业、国际影响	进出口额占 GDP 比重、外商直接投资占 GDP 比重、对外直接投资占 GDP 比重、国际知名企业总部数量、国际航班航线数量；全球排名前 200 位科研机构数量、国际主流文化期刊发表论文数量、国际专利数量、常住外籍人员数量等；国际学校（中小学）数量、空气质量（PM2.5）、人均绿地面积等；国际会展年举办次数、国际组织总部和地区代表处数量等
商务环境评价指标体系（2014）	市场环境指标、国际化指标、基础设施指标、生活指标和公共服务指标	经济发展水平、科技投入、人力资本、技术水平、服务业水平、产业结构水平、资本资源；市场规模、市场发展速度、决策自由度、国际投资；外贸依存度、国际交往水平、国际旅游收入；信息化水平、交易方式、交通；赋税、公共卫生；用水、用电水平，社会保障
《2017 年中国城市营商环境报告》	软环境、市场环境、城市基础设施、商务成本、社会化服务环境、生态环境	开办企业、执行合同、财产登记、内外资投资增速、税负水平；GDP、人均 GDP、GDP 增速、进出口总额、社会消费品零售额；工业水价、工业电价、工业天然气价格、房价收入比、职工年平均工资；使用道路面积、航空吞吐量、供气量、货运量、公交数量、轨道交通长度；每万人床位数、科技投入占GDP 比例、本外币存款占 GDP 的比例、学生人数与常住人口之比、城镇基本养老参保比；优良天气数、建成区绿化覆盖率、单位面积废水排放量

第四节　城市营商环境

一、城市营商环境现状

在城市营商环境方面，张莉云、冯志明、单钧等（2017）参考世界银行标准，选取了政务和政策下发与执行情况，以及当地的生产经营氛围这三个方面进行指标设计来收集数据，经过发放问卷和举行座谈，对 300 家企业进行了调研，发现南通市营商环境存在的问题，并提出强化组织领导、健全完善机制、优化公共服务等措施，改善南通市营商环境[37]。杨志安、李国龙（2017）从建设阳光高效的政务环境、诚信有序的市场环境、协作共赢的开放环境、配置完备的要素环境、保障有力的设施环境、稳定和谐的社会环境、公平正义的法治环境七个方面给出打造国际化营商环境的建议[38]。李一聪、张德友（2013）指出香港特区政府坚持"积极不干预"的市场经济原则，通过采取将政府架构和职能进行调整、优化人力资源和完善法律保障等措施，不断地优化和巩固营商环境，促使香港经济快速发展，对内地优化营商环境具有积极的借鉴意义[39]。

2020 年 9 月，国家发展改革委在全国 80 个城市组织开展了中国营商环境评价，以市场主体和社会公众满意度为导向，对参评城市 2019 年 1 月 1 日至 2020 年 7 月 31 日期间的营商环境进行了深入分析，结果显示上海市、深圳市、广州市、北京市、杭州市、苏州市、厦门市等25个城市营商环境便利度高，市场主体获得感强；青岛市、郑州市、重庆市、长沙市等14个城市营商环境改善幅度最大，提升超过10个百分点。

从评价情况看，各地区全力贯彻落实党中央、国务院决策部署，全力推进优化营商环境"一号工程"，全力推动市场化法治化、国际化营商环境建设，全国范围内营商环境整体改善，参评城市间差距明显缩小，营商环境评价对优化营商环境工作的引领和督促作用初步显现。

二、城市营商环境优化政策举措

2019年10月，国务院颁布《优化营商环境条例》，成为全球首部国家层面优化营商环境的专门行政法规。2020年上半年，北京、上海、广州、深圳等地陆续发布优化营商环境4.0版。四个城市的政策内容十分丰富，实施了更大范围、更宽领域、更深层次的改革。另外，每个城市定位不同，政策的侧重点也不同。北京提出着力构建与首都城市战略定位相适应、与国际高标准投资贸易规则相衔接、与"两区"建设相匹配的营商环境。上海提出全面提升企业全生命周期管理服务是上海优化营商环境过程中，对标世界银行营商环境报告标准，逐步深化的目标。广州重在以"绣花功夫"推动各项政策举措落地，以"湾区示范"作为总体布局之一。深圳强调，改革举措从市场主体关心、评价指标关注两个维度出发，着力解决一批制约市场主体投资兴业的突出问题，推进要素市场化配置和更高水平全面对外开放，打造市场化、法治化、国际化的一流营商环境，促进全球化创新创业和投资发展。同时，各地持续优化城市营商环境，以沈阳为例，沈阳针对营商环境的四个关键领域制定4.0版行动方案，旨在打造"办事方便"的政务环境、"法治良好"的市场环境、"成本竞争力强"的要素环境、"生态宜居"的创新发展环境。沈阳对标国际、国内先进城市理念和最佳实践，创新体制、机制，着力推动营商环境制度化提升和改革举措创新。

三、城市优化营商环境典型做法

2021年9月，国务院常务会议指出，要贯彻落实党中央、国务院部署，坚持把优化营商环境作为激发市场主体活力和社会创造力、推动高质量发展的重要抓手，稳定市场预期，保持经济平稳运行。会议决定，在实施好《优化营商环境条例》，推动在全国打造市场化、法治化、国际化营商环境的同时，选择北京、上海、重庆、杭州、广州、深圳6个市场主体数量较多的城市，聚焦市场主体和群众关切，对标国际先进水平，进一步深化"放管服"改革，开展营商环境创新试点。

一是进一步破除区域分割和地方保护，推动建设统一开放、竞争有序的市场体系。取消对企业跨区域经营不合理的限制，破除政府采购等领域对外地企业的隐性壁垒。二是进一步方便市场主体准入和退出。精简银行开户程序，压缩开户时间。探索适应新业态、新模式发展的准入准营标准。三是提升投资和建设便利度。在土地供应前由政府部门开展地质灾害、水土保持等一揽子评估，强化责任。企业拿地后即可开工，不搞重复论证。四是提升对外开放水平。推动与部分重要贸易伙伴口岸间相关单证联网核查。简化港澳投资者商事登记手续。五是创新和完善监管。在食品、药品、安全等关系人民群众生命健康的领域，实行惩罚性赔偿制度。健全遏制乱收费、乱罚款、乱摊派的长效机制。纠正中介机构垄断经营、强制服务等行为，清理取消企业在资质获取、招投标、权益保护等方面的差别化待遇，维护公平竞争。六是优化涉企服务。建立因政策变化、规划调整等造成企业合法利益受损的补偿救济机制。加快打破信息孤岛，扩大部门和地方间系统互联互通和数据共享范围，推动解决市场主体反复多处提交材料的问题，促进更多事项网上办、一次办。

第五节　企业营商环境

企业营商环境建设是当前我国经济发展的重点和热点领域，不同行业的企业对于营商环境的需求和偏好具有一定的特殊性。因本书篇幅有限，选择几个重点行业开展企业营商环境的研究分析。

一、金融企业营商环境

现有文献中涉及金融营商环境的论述不多，相关概念及内涵也缺乏统一性和权威性。中国人民银行牵头发布的《上海国际金融中心建设行动计划（2018—2020年）》提到营造开放、透明、包容、法治的金融营商环境，并从金融人才、金融基础设施、金融中介服务、金融法治建设、金融监管等多个层面提出具体的政策措施。相对而言，关于营商环境的内涵界定较为一致，值得借鉴和参考。中国人民银行杭州中心支行课题组（2020年）借鉴企业生命周期视角下营商环境的定义，对金融营商环境的内涵进行界定，给出长三角一体化背景下金融营商环境评估的分析框架和评估结果，并针对性地提出优化金融营商环境的政策建议。其认为，金融营商环境主要是在金融企业（机构）设立、运营及退出的整个活动过程中面临的各种环境和条件的总和，包括市场准入和业务许可、要素及基础设施服务获得性、金融法制及监管环境、市场经营及竞争环境、投资者保护与退出机制等多个方面。金融营商环境评价指标体系如图1-2所示。区域良好的金融营商环境，有利于吸引境内外金融机构集聚发展，有利于形成成熟丰富的金融业态和金融体系，有利于金融业更加高效地服务地区实体经济的发展。

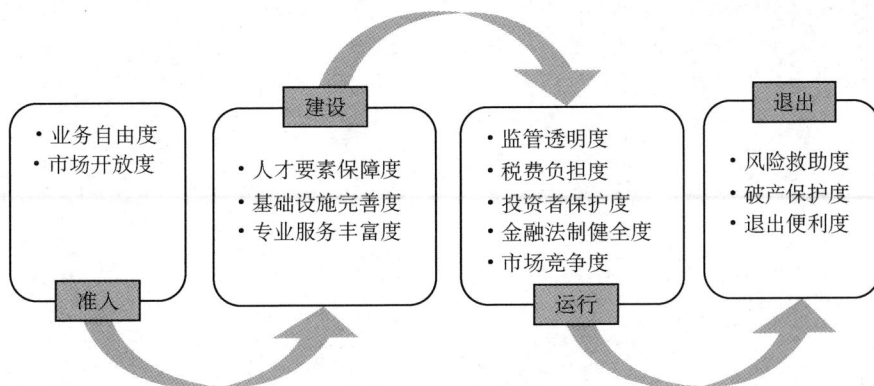

图1-2　金融营商环境评价指标体系

二、制造企业营商环境

张杰、宋志刚深入研究了当前中国制造业营商环境中的突出问题、形成机制与解决思路。其课题组通过对我国制造业企业的长期实地调研及思考，认为当前在阻碍我国制造业振兴及束缚制造业转型升级的诸多因素中，营商环境已经成为最突出、最重要、最基础的影响因素[40]。

第一，虽然我国制造业相对较高的税费负担水平已经引发了广泛的关注，但是，不少地方政府对此问题的重要性认识严重不够，所采取的措施多数具有敷衍了事的短期行为特征，并没有激发和构建真正解决降低制造业相对较高税费负担水平的长期制度性体系的根本性动力机制。第二，各级政府对企业产品质量及假冒伪劣产品市场监管长期缺位，以及"最低价中标"的政府采购制度，对制造业企业的市场公平竞争造成了较为突出的扭曲效应，导致制造业产品质量和自主创新能力提升的内在动力机制缺位。第三，不少地方正常的政商关系仍然没有构建起来，相反，政商关系中又出现了新的问题和矛盾，对全面处于转型升级机遇期的制造业企业的各种高质量投资和创新研发活动，形成了非常突出的束缚作用乃至阻碍效应。第四，当前现有的金融体系与制造业转型升级活动之间的诸多内在矛盾日益显现，以银行体系为主的金融体系已经成为阻碍制造业可持续发展的核心因素之一。

三、旅游企业营商环境

以"旅游营商环境"为主题词在中国知网（CNKI）上进行检索，仅有 7 份成果，其中 2 份为间接相关的硕士学位论文；4 份为旅游营商环境存在问题的报道与已有成绩的总结；1 份为耿松涛（2015）对海南旅游新兴业态税务营商环境的分析。将已有研究与旅游产业需求相比，可以看出我国目前有关旅游企业营商环境的系统研究相对滞后。

世界旅行与旅游竞争力指数（2017）研究将决定旅游目的地竞争力的 14 个一级指标分为四类：产业基础支撑环境、旅行与旅游业政策环境、基础设施条件、自然与文化资源；其中，前三类指标均涉及旅游业营商环境的实质。优化旅游业营商环境事关全局，意义重大。各地旅游部门通过网络化行政审批、奖补政策激励、强化服务旅游企业、营造安全旅游环境等，积极优化旅游营商环境。

第二章 营商环境评价指标体系

第一节 营商环境评价指标体系研究综述

一、国际营商环境评价指标体系研究综述

国际上对营商环境的评价研究与实践始于美国学者依西阿·里特法克和彼得·班廷，两人在 1968 年合作发表的《国际商业安排的概念构架》一文中提出了评价投资环境的"冷热分析法"，指出要从政治稳定性、市场机会、经济成长状况、文化一元化程度、法令性障碍、实质性障碍、地理及文化的差异 7 个方面来分析一国的投资环境[41]。里特法克和班廷的评价内容和方法更侧重于对投资环境宏观因素的考察，即外资在投资过程中可能遇到的各类影响因素的综合考察。目前，国际上评价各国营商环境的影响较大的报告为世界经济论坛（WEF）的全球竞争力报告和世界银行的营商环境报告等。世界经济论坛从 1979 年开始每年在对各个国家竞争力进行综合考评的基础上，推出年度全球竞争力报告。目前，全球竞争力评价指标体系主要囊括 98 个具体指标，从 12 个方面衡量各个国家生产力和竞争力的发展水平，具体包括机构、基础设施、信息和通信技术、宏观经济稳定、健康、技能、产品市场、劳动力市场、金融体系、市场规模、商业活力和创新能力等，从而为世界各地的政策制定者、商业领袖及其他利益相关者提供决策辅助[42]。

全球竞争力报告每项指标均采用 0～100 评分值，100 分对应每项指标的目标位置，又称"竞争力前沿"，通常代表一项政策的最终目标，实际得分则表明目前所取得的进展及存在的差距[43]。总体而言，全球竞争力报告能够较好地反映各个国家的实际经济发展能力与前沿国家水平之间的差距，并为其指明了提升竞争力需要努力的方向；但相较而言，全球竞争力报告更多是在宏观层面对营商环境进行评价，其考察的指标与直接影响企业经营活动的因素关系不够密切。

世界银行为了有效衡量各国营商环境情况，从 2003 年起每年发布一份营商环境报告，世界银行的营商环境报告已成为国际上最具影响力的评价报告。从开始发布至今，世界银行的营商环境评价指标也不断进行调整和完善，评价对象也在不断增加。《2018 年营商环境报告》针对 190 个经济体的有关商业法规和产权保护等进行了衡量，具体衡量了影响企业经营的 11 个领域的相关规制，除劳动力市场监管以外，开办企业、办理施工许可、获得电力、登记财产、获得信贷、保护中小投资者、纳税、跨境贸易、执行合同、办理破产 10 个领域被纳入营商便利度的评价指标体系。该报告衡量的监管领域扩大了范围，更加关注中

小型企业，并且在 11 项"营商环境"衡量指标中，除 8 项指标关注传统重点"效率"以外，规模质量也被日益关注。世界银行对于营商环境便利化的衡量标准主要体现在程序或手续、时间和成本三个方面，通过搜集、计算指标体系的相关数据，对经济体的营商环境进行排名[44]。

二、国内营商环境评价指标体系研究综述

世界银行的营商环境报告主要基于企业在开办、运营和退出等全生命周期中影响因素的测量，评价结果也受到许多国家的重视，成为各国发现与改善营商环境不足，增强企业投资吸引力的重要参考依据。但是，该报告仅针对特定的商业规制，选取一两个城市进行考察，对于不同经济体内部差异的考量不足，很难全面反映类似中国这样地区之间存在巨大差异的大国的营商环境。

优化营商环境已经成为我国进一步推动对外开放、顺应改革需求的重要目标。关于营商环境评估及其指标体系，我国学术界和实务界当前尚未形成较为统一的共识，但在理论与实践层面已取得一些成果。

（一）营商环境评价指标体系构建以市场主体满意度为基本导向

娄成武、张国勇（2018）认为，在贯彻"以人民为中心"的发展思想的新时代背景下，营商环境评价应以市场主体和社会公众的满意为根本判断标准，从整体感知、政务环境感知和要素环境感知三个维度设计评价指标体系，通过选取一定比例和数量的市场主体对营商环境的满意度进行测评，可以从"顾客"的视角把握营商环境建设的效果[45]。

（二）营商环境评价内容重在本地企业运营的软环境，特别是城市营商环境

刘迎霜（2018）认为，营商环境评价在正确的评价观念下设计和操作，才能实现效用最大化。当前应该尽快转变评价观念，将营商环境评价聚焦于直接影响本地企业在当地最为一般环境中的经营效率、质量的要素，仅选择与这些环节直接相关的软环境内容，特别关注企业与行政机关、司法机关互动的法治环境，去除文化、人口、自然环境等与企业实际活动相去较远的评价内容，对非外资企业最为一般的经营环境进行客观评价[46]。

（三）构建适合我国国情的营商环境评价体系

盛从锋、徐伟宣和许保光（2003）指出，由于我国地域辽阔，而且经济发展极不平衡，各地区投资环境差异很大，应从市场状况、综合成本、支持能力、投资风险四个方面建立我国各省（区、市）投资环境竞争力评价指标体系[47]。杨涛（2015）认为，由于我国各地区存在经济发展水平和地域文化差异，使得各地营商环境存在较大差异，基于对山东、江苏、浙江、广东四省的比较分析，归纳出影响企业经营的营商环境的三个主要方面——市场环境、政策政务环境、法律环境，提出适应中国实际的营商环境评价指标体系[48]。粤港澳大湾区研究院编制了具有四级指标的中国城市营商环境评价指标体系，其中一级指标为城市营商环境，下设软环境、市场环境、商务成本环境、基础设施环境、生态环境和社会服务环境六大类二级指标，得分表示相关成本的高低，该指标体系通过连续发布形成可以比较的数据序列[49]。在

实践领域，有些地方还出台了条例、办法和方案等，要求将评价体系作为优化营商环境的重要手段，如《辽宁省优化营商环境条例》规定建立和完善优化营商环境评价体系，政府及相关部门要定期测评营商环境工作的落实情况，将其作为政府绩效考核内容之一，评价结果向社会公布。

第二节　国际营商环境评价指标体系

一、世界银行营商环境评价指标体系

最早对营商环境评价进行专门研究的是美国学者依西阿·里特法克和彼得·班廷，他们在 1968 年发表的《国际商业安排的概念构架》一文中提出了评价投资环境的"冷热分析法"，该方法从投资国及投资主体的立场出发，以政治稳定性、市场机会、经济成长状况、文化一元化程度、法令性障碍、实质性障碍、地理及文化的差异 7 个投资环境因素，对投资国进行评价，并由"热"（投资环境优良）到"冷"（投资环境不佳）逐一排序。此后，美国学者斯托博构建了评价一国营商环境的"等级尺度法"，以资本外调、外商股权、歧视和管制、货物稳定性、政治稳定性、给予关税保护的意愿、当地资金的可供程度、近五年的通货膨胀率 8 个指标来评估营商环境。

针对营商环境项目，世界银行自 2003 年以来发布的营商环境报告，涵盖诸多的经济体，集合了多达 8200 多名的政府官员、律师、咨询顾问和会计师等相关专家采集的数据和分析，具有一定的权威性。2003 年，营商环境报告利用 5 套指标对 133 个经济体展开了分析比较。2015 年，世界银行发布的报告包括 11 项指标，涵盖 189 个经济体。世界银行《2018 年营商环境报告》，数据截止日期为 2017 年 6 月 1 日，从 10 个方面对全球 190 个经济体的营商环境进行评估，这 10 个方面包括开办企业、办理施工许可、获得电力、登记财产、获得信贷、保护中小投资者、纳税、跨境贸易、执行合同、办理破产[50]。

世界银行全球营商环境评价指标体系聚焦各国私营企业从开办到破产各个阶段的便利程度，通过问卷形式，收集各经济体营商环境情况。该评价指标体系由最初的 6 项一级指标逐步完善，2019 年的报告包含 11 项一级指标、49 项二级指标。其中，一级指标中的"劳动力市场监管"得分不计入排名，并计划在一级指标中加入"与政府签订合约"[51]。世界银行营商环境评价指标体系如表 2-1 所示。

表 2-1　世界银行营商环境评价指标体系

一级指标	二级指标
开办企业	开办企业程序、开办企业时间、开办企业成本、最低法定资本金
办理施工许可	手续、时间、成本、建筑质量控制
获得电力	手续、时间、成本、供电可靠性和电费透明度指数
登记财产	财产登记程序、时间、成本、土地管理质量指数
获得信贷	合法权利力度指数、信用信息深度指数、信用登记范围、信用局覆盖率
保护中小投资者	披露程度指数、董事责任程度指数、投资者诉讼便利度指数、投资者权利指数、利益冲突程度监管指数、公司透明度指数、所有权范围和控制权指数、投资者治理程度指数、中小投资者保护指数
纳税	缴税频率、税及派款总额、时间、报税后程序指数

续表

一级指标	二级指标
跨境贸易	出口时间、出口成本、进口时间、进口成本
执行合同	时间、成本、司法程序质量指数
办理破产	回收率、时间、成本、是否持续经营、破产框架力度
劳动力市场监管	雇佣员工、工作时间、裁员规则、裁员成本

资料来源：世界银行《2020 年营商环境报告》

该评价体系通过简单平均法对上述指标进行赋权，使用标准化案例收集一国最大商业城市（对于人口超过 1 亿人的经济体的覆盖面扩展至第二大商业城市）的指标数据，采用"前沿距离法"对收集的数据进行标准化处理，从而计算各国营商环境便利度得分并排名。近年来，中国开展"放管服"改革，构建"亲""清"政商关系，实施了大量营商环境优化举措。根据世界银行统计，2008 年以来，中国共实施了 27 项营商环境优化改革。在 2019 年公布的《2020 年营商环境报告》中，中国排名第 31 位，创造了历史最好成绩。世界银行的营商环境评价指标体系为中国营商环境的改善提供了引导。2008—2020 年营商环境报告中的中国排名如图 2-1 所示。

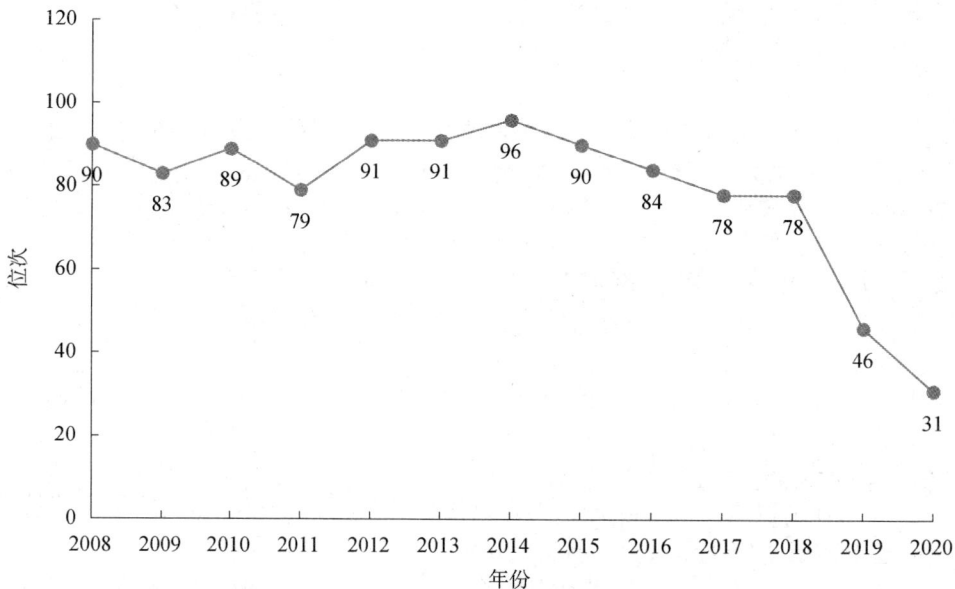

图 2-1　2008—2020 年营商环境报告中的中国排名

当前，对营商环境评价指标体系的内涵研究，可以划分为两大类型：一类是世界银行推行的世界营商环境评价指标体系。该指标体系从企业层面进行评价，将中小企业作为研究主体，以调查问卷形式模拟企业生命周期过程的活动所需的时间与成本，进而获取指标数据内容，对企业主体从开办到破产进行评价。世界银行营商环境评价指标体系集中于对营商环境的微观测度，能够真实、客观地反映企业的发展情况，但由于研究方法的局限，很难大范围进行问卷调查。另一类是将国家经济发展、竞争力与营商环境相结合的评价指标体系。

学术机构、民间组织纷纷探寻适合我国国情的科学的营商环境评价指标体系，如经济学人智库的"营商环境排名"（BER）、《福布斯》杂志的"最适合经商的国家和地区"排行榜、粤港澳大湾区研究院的"世界城市营商环境报告"、上海市人民政府发展研究中心和上海发展战略研究所的"全球城市营商环境评估研究"等。这些营商环境报告拓宽了营商环境评价的主体，将社会法制、政府政务、基础建设、生态文明等因素纳入评价体系中，从而扩大了营商环境的研究范围，不再局限于对发达中心城市进行测度。综上所述，营商环境评价指标体系的内涵在不断扩展，有待进一步发展，形成统一、科学的评价指标体系。

二、经济学人智库营商环境评价指标体系

经济学人智库从宏观视角出发，构建相对多维的营商环境评价指标体系。为了收集指标数据且使评价更具科学性，经济学人智库的营商环境评估每五年进行一次，面向 82 个国家，旨在评估当前营商环境排名现状并预测未来五年各国的商业发展形势，对各国有一定的参考价值。经济学人智库营商环境评价指标体系致力于全面、宏观地分析样本国家或地区的营商环境的发展素质和潜力，为企业制定投资策略提供理论依据，其构建了 10 个营商环境子环境，涵盖政治环境、经济社会环境、市场机制、国际自由竞争、外商投资、国际贸易及汇率管制、纳税、金融、劳动力市场、基础建设。经济学人智库"营商环境排名"中的具体指标得分排名除了参照往年历史数据，还借助数据预测模型对数据进行测评，预估未来五年各国营商环境的发展趋势。这不仅为各国政府优化营商环境提供了指导，更有助于全球企业评估外部市场扩张和国家投资潜力。

三、世界经济论坛全球竞争力评估指标体系

自 1979 年起，世界经济论坛开始对世界各经济体的竞争力进行对标分析，并公布全球竞争力报告。全球竞争力体系以全球竞争力指数为基础，主要测度各经济体的生产水平与长期经济发展的影响因素，进而评判各国竞争力水平，对从宏观角度评估营商环境提供了基础。《2019 年全球竞争力报告》主要涵盖 12 个主要竞争因素，以此评价各国生产力和竞争力，涉及 103 个具体细分指标。全球竞争力报告每项指标均采用百分制，100 分反映各指标均达到最高水平，也称为"竞争力前沿"。竞争力评价指标体系通过测算指标得分情况，与最高分值 100 分进行对比，进而衡量各国经济水平和竞争力之间的差距。

全球竞争力评价指标体系的一级指标因素具体包括制度、基础设施、信息通信技术、宏观经济环境、健康、教育和技能、产品市场、劳动力市场、金融体系、市场规模、商业活力和创新能力。与以往的报告相比，2019 年报告的衡量指标发生变化，重视制度建设与教育水平，由原来的"机构"指标改为"制度"，同时在技能领域加入了教育发展，这对于营商环境评价指标体系的构建具有借鉴作用。总体而言，全球竞争力指标体系能较好地评估处于不同发展阶段国家的竞争力水平，更能从宏观层面衡量营商环境的优劣，能够为世界各国领导人发展国家经济、进行政治决策提供借鉴。

四、国际营商环境评价指标体系比较分析

目前，国际上对于营商环境评价主要参照世界银行营商环境报告、经济学人智库的营商环境排名和世界经济论坛的全球竞争力报告等权威代表性报告，对各个经济体营商环境建设有一定的指导意义。但是，各个营商环境评价指标体系的研究视角不同，各有侧重，因而对

比三大主流营商环境评价指标体系是十分有必要的。我们从研究视角、研究对象、研究内容和研究局限四个方面对各个评估体系进行梳理，可以对构建全方位的省份营商环境评价指标体系提供了多视角、多维度的借鉴参考。国际主流营商环境评价指标体系对比分析如表 2-2 所示。

表 2-2　国际主流营商环境评价指标体系对比分析

指标体系	研究视角	研究对象	研究内容	研究局限
世界银行营商环境评价指标体系	微观层面	190 个经济体	11 项一级指标：开办企业、办理施工许可、获得电力、登记财产、获得信贷、保护中小投资者、纳税、跨境贸易、执行合同、办理破产、劳动力市场监管	从微观层面出发，参考企业生命周期因素，未涵盖经济、社会、政府等因素，且选取个别大城市为评价依据，难以评判内部差异性，不具有代表性
经济学人智库营商环境评价指标体系	宏观层面	83 个国家	10 个子环境：政治环境、经济社会环境、市场机制、国际自由竞争、外商投资、国际贸易及汇率管制、纳税、金融、劳动力市场、基础建设	每五年发布一次，周期较长，研究对象和范围受限，难以对比各经济体发展实况，缺乏全面性和综合性
世界经济论坛全球竞争力评估指标体系	宏观层面	141 个经济体	12 个因素：制度、基础设施、信息通信技术、宏观经济环境、健康、教育和技能、产品市场、劳动力市场、金融体系、市场规模、商业活力和创新能力	侧重分析经济发展指标，对营商环境评估缺乏针对性

资料来源：世界银行《2020 年营商环境报告》、经济学人智库《2019 年营商环境排名》、世界经济论坛《2020 年全球竞争力报告》整理所得

第三节　国内营商环境评价指标体系

作为一种评价方式，世界银行的营商环境评价指标体系有其科学性，为中国营商环境的持续改善提供了指引。当然，该评价体系也存在一定的局限性，如过于侧重政府审批环节的数量与时间，且未涵盖市场规模、基础设施等因素。有鉴于此，李克强总理在 2018 年年底的国务院常务会议上决定，按照"国际可比、对标世界银行、中国特色"原则，开展中国营商环境评价。

与国际评价指标体系注重普适性不同，我国营商环境的既有评价指标体系可分为省份、城市、企业三个层次，呈现明显的层次差异。以下重点介绍六个评价指标体系。

一、中国特色营商环境评价指标体系

随着我国不断完善营商环境建设，加快落实改革举措，各地优化营商环境有了很大进展。2018 年，国家发展改革委会同各个部门，初步探索构建我国第一个政府推行的营商环境评价指标体系。中国特色营商环境评价指标体系主要从企业生存周期、投资吸引力和城市发展三个方面来构建，涉及多个领域的指标。中国特色营商环境评价指标体系如表 2-3 所示。该体系以世界银行的指标内容和我国国情为基础，坚持以市场主体的需求和满意度为导向，持续深

化"放管服"改革，加快简化审批事项，建立"立足国情、对标世界银行、国际可比"的营商环境评价指标体系。根据国务院推行的试点方法，中国特色营商环境评价指标体系在 22 个城市完成了试评价，通过实践不断完善和优化指标内容，进而逐步推广至全国，最终形成国际一流的评价体系。

表 2-3 中国特色营商环境评价指标体系

三大维度	指标内容
企业生命周期	企业从创立、生产运营到破产的过程及政务工作、行政审批、获取信贷、保护小额投资者等
城市投资吸引力	知识产权保护、公共监管、市场开放水平、企业发展、招标投资等
城市高质量发展水平	交通运输、空气环境、生活便利、医疗服务、就业质量等

资料来源：根据国家发展改革委公布的营商环境评价指标体系整理

中国特色营商环境评价指标体系主要有三个特点：一是基于国情建立体系。中国特色营商环境评价指标体系以世界银行的营商环境报告为依托，选取适合中国国情的指标，删除与实际不符的指标，增加新的评价内容，如将获得电力改为获取水电气的综合性指标；同时增加城市发展的外部营商环境指标，如市场开放水平、招标投资、城市交通、社会公共服务等指标内容，丰富了企业从创立、生产运营到破产各个环节的生命周期内容及企业发展所需的外部条件，综合评价了我国企业发展便利度和城市吸引投资水平，客观反映城市高质量发展。二是参考世界银行指标评价。参照世界银行的指标和评价方法，同样采用前沿距离得分法，计算各指标营商便利度得分情况，进行得分排名。指标按照可量化、可比较的原则进行筛选。三是营商环境评价注重真实、准确。与世界银行标准化情景模拟案例的评价方法不同，我国更加注重以实际案例来进行评价，通过将实际填报和模拟填报相配合，交叉验证，并通过第三方核验的方式获取评价数据，提高评价数据的客观性、准确性。

二、中国城市营商环境评价指标体系

我国区域经济发展程度不一，各省份营商环境发展差异性较大，因而要评估我国营商环境不能完全借鉴世界银行的营商环境评价指标体系，必须构建区分区域差异性的营商环境评价指标体系。基于此，粤港澳大湾区研究院从经济、市场、基础设施、生态等维度分析我国区域营商环境，构建出主要城市的"中国城市营商环境报告"。其研究中国城市营商环境是从区域层面出发，选取我国 35 个主要省会城市、直辖市数据，构建包含 6 个维度的一级指标和 40 多个二级指标的指标体系，从市场环境、社会服务环境、商务成本环境、软环境、基础设施环境和生态环境各个子环境来评估各城市营商环境指数。首先消除指标的量纲影响，随后计算得出城市营商环境排名得分，进而对比各地区营商环境发展态势和不足之处。城市评价指标体系可以对多个地级城市进行测评对比，不局限于中心发达城市，指标适用度高且方法简单，从而提高了评价的客观性。结果显示，广州、北京、深圳、上海、重庆五个中心城市营商环境发展最好，这也与当地经济发展水平相符，有效说明营商环境对地区经济发展的重要作用。粤港澳大湾区研究院中国城市营商环境评价指标体系如表 2-4 所示。

表 2-4　粤港澳大湾区研究院中国城市营商环境评价指标体系

	一级指标及权重	二级指标
中国城市营商环境报告	软环境（25%）	开办企业、注册登记资产、合同执行等
	市场环境（20%）	地区 GDP、人均 GDP、公共基础交通汽车、轨道交通等
	商务成本环境（15%）	水价、电费、天然气成本、劳动力成本等
	基础设施环境（15%）	道路交通设施、货运量、航空运输
	生态环境（15%）	空气质量指标、城市绿地覆盖率、污染物排放等
	社会服务环境（10%）	居民消费情况、健康医疗、教育水平、技术创新、对外开放等

资料来源：根据《中国城市营商环境报告》（2019）整理所得

　　结合国内外营商环境评价状况与当前我国营商环境的现状，李志军（2019）对 4 个直辖市、5 个计划单列市、27 个省会城市及其他 254 个地级市的营商环境进行了评价和分析[52]。该评价指标体系包括政府效率、人力资源、金融服务、公共服务、市场环境、创新环境六个指标，采用主观与客观结合的方法确定权重。客观方法为变异系数法，使用 EPS 全球统计数据分析平台中的"中国城市数据库""中国城乡建设数据库"收集数据，并运用效用值法对数据进行无量纲化处理，进而计算各城市营商环境得分。该研究的营商环境评价范围覆盖广，指标测算数据权威而公开，保证了评价的可持续性。李志军中国城市营商环境评价指标体系如表 2-5 所示。

表 2-5　李志军中国城市营商环境评价指标体系

一级指标	二级指标	一级指标	二级指标
政府效率	一般预算内支出	公共服务	人均道路面积数
	政府服务效率		供水能力
人力资源	平均工资水平		供气能力
	高校在校人数		供电能力
	年末单位从业人员数		医疗卫生服务
金融服务	民间融资效率	市场环境	人均 GDP
	总体融资效率		固定资产投资总额
创新环境	科学支出		当年实际使用外资金额
	创新能力指数		

资料来源：李志军（2019）

三、国内营商环境评价指标体系比较分析

　　当前，我国营商环境评价指标体系的研究在不断优化和完善，形成了各具代表性的营商环境评价指标体系，对比分析不同的指标体系内容，有助于了解现有指标体系的优势与局限之处，进而构建更全面、科学的中国营商环境评价指标体系。中国特色营商环境评价体系是从整体国家层面构建的，立足于企业生命周期、城市投资吸引力和城市高质量发展水平三个维度，能够基于我国国情客观反映城市高质量发展水平，但指标内容未考虑法制建设、税收水平、公共服务等因素，有一定的局限性。中国城市营商环境评价指标体系则系统考虑了市场、经济、社会服务、基础建设、生态等多方面指标要素，能够较全面地评估营商环境发展水平，但仅针对 35 个主要省会城市、直辖市进行研究测度，不能反映省份地区的具体情况，研究结果不够全面，在研究区域上有一定的局限性。

　　了解当前主流营商环境评价指标体系发展形势，基于研究视角、研究层面、数据来源的不同而形成的各具特色的评价指标体系，对构建统一、科学的中国营商环境评价指标体系具有重要的经验借鉴意义。参照这些经验建立营商环境指标要考虑以下因素：一是指标体系要兼具微观和宏观两个维度。既要将反映企业全生命周期的微观要素纳入体系中，又要注重企业发展的外部条件，将市场、社会和基础建设等宏观要素考虑其中。二是考虑将政务和法制环境建设纳入我国省份营商环境测度中。我国政府是营商环境评价主体之一，重视营商环境建设，坚持推行"放管服"改革，加强构建"亲""清"的政商关系，强化政务服务对营商环境评价的重要性，有利于促进我国营商环境排名的提升。三是亟待建立统一、完备的省份营商环境评价指标体系。尽管现有国内主流营商环境评价指标体系能够反映地区差异且覆盖面较广，但多数聚焦于城市层次，或涉及少许省份而未覆盖我国的全部省份，只考虑市场化进程而缺乏对营商环境的多维度评价。因此，全面构建省份营商环境评价指标体系，有助于分析各地区营商环境问题，制定优化政策，进而缩小省际发展差距。

四、中国分省份市场化指数体系

　　在营商环境概念提出之前，衡量我国企业外部经营环境状况的研究，主要使用市场化指数[53]。该指数评价了我国 30 个省份（除港澳台和西藏外）从计划经济向市场经济过渡的体制改革进程。基于科学性和数据可获得性两个原则，市场化指数包括五个方面的评价指标：政府与市场的关系、非国有经济的发展、产品市场的发育程度、要素市场的发育程度、市场中介组织发育和法律制度环境。该评价报告自 2001 年发布并持续更新，2018 年发布的评估数据覆盖 1997—2016 年。由于市场趋势变化，2008 年及之后的评价指标体系做了简单修正，与之前年份相比略有差异。表 2-6 显示了 2018 年中国市场化指数的评价指标体系的变量定义[54]。该指数开创性地使用相对指数衡量中国企业经营环境，并对 30 个省份进行比较研究。

表 2-6　2018 年中国市场化指数的评价指标体系变量定义

方　面	一级指标
政府与市场的关系	市场分配资源的比重
	减少政府对企业的干预
	缩小政府规模
非国有经济的发展	非国有经济在工业企业产品销售收入中所占比例
	非国有经济在全社会固定资产总投资中所占比例
	非国有经济就业人数占城镇总就业人数的比例
产品市场的发育程度	价格由市场决定的程度
	减少商品市场上的地方保护
要素市场的发育程度	金融业的市场化（包括金融业的市场竞争、信贷资金分配的市场化）
	人力资本供应情况（包括技术人员供应、管理人员供应、熟练工人供应）
	技术成果市场化
市场中介组织发育和法律制度环境	市场中介组织的发育（包括律师、注册会计师人数分别与当地人口的比例）
	维护市场的法制环境
	知识产权保护

资料来源：王小鲁等（2018）

五、中国城市政商关系评价指标体系

政商关系是营商环境的主要内容，也是我国新一轮政府治理的重点。从"放管服"改革到构建"亲""清"政商关系要求，体现了我国政府对于政务环境的重视。基于此，聂辉华、韩冬临、马亮等（2019）构建出如表 2-7 所示的 285 个城市政商关系评价指标体系，对我国 285 个城市的政商关系进行评估与比较[55]。该研究对一级指标的重要程度进行主观赋权，二级指标测算使用公开数据、调查数据与网络数据（包括政府网站、城市年鉴、中国政府网站绩效评估报告、百度数据等途径），运用标准化法对数据进行无量纲化处理，计算各城市得分并进行排名。该研究从政商"亲近"与"清白"两个维度进行体系设计与指标细化，弥补了现有营商环境评价指标体系对于政府廉洁评价缺乏的不足，且多元数据来源渠道弥补了单一数据可靠性的不足。因此，对于后续我国营商环境评价指标体系的构建而言，该指标体系不但为政务环境评价提供了重要借鉴，也在数据（尤其网络数据）的获取上拓宽了思路。

表 2-7　285 个城市政商关系评价指标体系

一级指标		二级指标
亲近	政府对企业关心	市领导视察、市领导座谈
	政府对企业服务	基础设施、金融服务、市场中介、电子政务效率
	企业的税费负担	企业的税收负担
清白	政府廉洁程度	食品安全许可证代办价格、百度腐败指数
	政府透明度	行政信息公开、财政透明度

资料来源：聂辉华等（2019）

六、中国省份营商环境评价指标体系

建立营商环境评价指标体系是一个复杂的、系统化的工作过程，实质上就是将抽象的营商环境建设内涵转化成具有逻辑层次性和可行性的量化评价指标体系的过程，需要多方面、多层次考量指标因素并分析具体实际情况。因此，需要在相关专家已有的研究基础上，结合具体研究方法形成新的营商环境评价指标体系思路框架，依据营商环境理论基础和指标设计路径确定具体指标，构建具有科学性、创新性、实用性、全面性的省份营商环境评价指标体系。

（一）设计思路

在研究或量化分析过程中，需要对某些复杂的研究对象进行测量，从而产生简化替代物——指标。科学的评价指标选取需要综合考量评价要素、整体框架和层次维度等多方面因素，制定并依照基本原则遴选指标，以保证指标体系的客观准确性。按照设定的技术路径，设计具有代表性的二级指标，再具体细化遴选三级指标，最终形成科学、合理的省份营商环境评价指标体系。

在指标选取过程中，由于我国营商环境评价指标体系研究尚未成熟，结合现有的研究成果，参考世界银行营商环境报告、中国城市营商环境报告等相关指标设计，根据我国营商环境建设的实际需求，从经济市场环境、政务法制环境、社会环境、公共服务环境和基础设施环境几个维度初步探索设计一级指标。二级指标是依据优化营商环境的重要程度选取有代表性的子环境，将一级指标细化为不同的指标方向，反映营商环境建设的多样化需求和具体目标。三级指标是具体量化解释二级指标，选取有代表性、可量化计算的指标，同时满足 31 个省份营商环境整体特征的要求。此外，确定指标体系得分权重时，运用因子分析法对多指标降维计算公共因子得分，进而计算三级指标权重比例，再通过简单加总得到二级指标得分，最后计算出子环境得分情况。在指标选取和计算测度的过程中，要不断优化调整指标要素，构建出行之有效的营商环境评价指标体系。基于建立起来的评价指标体系，对我国 31 个省份进行实证测度评价，分析各地区营商环境排名情况，以检验指标体系的可操作性和合理性。

（二）构建中国省份营商环境评价指标体系

参考现有文献和相关理论基础，依据指标设定思路和构建原则，遴选适合反映营商环境因素的指标，建立符合我国国情的中国省份营商环境评价指标体系，具体指标如表 2-8 所示。中国省份营商环境评价指标体系分为经济市场环境、政务法治环境、社会环境、公共服务环境和基础设施环境五大子环境，下设 18 个二级指标和 28 个三级指标，综合考虑指标构建的科学性、层次性和可行性，为后期进行实证分析奠定基础。值得一提的是，构建营商环境评价指标体系由政府主导并用于优化营商环境，同时需要考虑市场主体企业的主观感受因素，但企业的主观体验和评价数据难以统计，考虑到构建指标体系的可行性原则，必须保证指标选取的可操作性，并能够进行量化实证分析。因此，在企业主体方面，省份营商环境评价指标体系主要选取反映企业生命周期发展的客观指标。

表 2-8　中国省份营商环境评价指标体系

一级指标	二级指标	三级指标	单位
经济市场环境	经济水平	地区 GDP 增速	%
		人均地区生产总值	元
	资本投资	固定资产投资额/人口数量	亿元/万人
	市场消费	居民人均消费额	元
	金融发展	年末金融机构贷款余额	亿元
	外来投资	外来投资企业数量	个
		外来投资企业投资总额	百万美元
政务法治环境	行政效率	一般公共服务支出/政府一般公共预算收入	%
	政府廉洁	政商关系健康指数	
	司法公开	司法文明指数	
社会环境	税收负担	企业所得税/政府公共预算收入	%
	企业竞争力	非国有经济投资额/全社会固定投资额	%
		私营企业数/规模以上企业单位数	%
	人力资本	就业人数/年末常住居民数	%
		城镇私营企业就业人员平均工资	元
	对外贸易	外商投资企业进出口总额	百万美元
公共服务环境	创新投入	企业有效发明专利数	件
		科学研发经费支出	亿元
	医疗服务	城镇医疗卫生支出	亿元
		每万人医疗机构床位数	张

续表

一级指标	二级指标	三级指标	单位
公共服务环境	教育水平	地方财政教育支出/一般预算支出	%
		高校在校学生人数	万人
基础设施环境	交通设施	每万人拥有公共交通车辆数	标台
		道路面积	万平方米
		实际公共汽车、电车运营数量	辆
	网络通信	互联网使用率	%
	水气供应	终端水价	元/立方米
		天然气供气总量	亿立方米

资料来源：2020 年中国统计年鉴、2019 年政府工作报告

第四节 企业营商环境评价指标体系

一、金融企业营商环境评价指标体系

中国人民银行杭州中心支行课题组基于对金融营商环境内涵的界定，结合金融一体化视角，对金融营商环境评价指标体系进行整合再分类，从市场开放竞争程度、金融业态丰富度、金融基础设施完善度、金融人才集聚度、法治和监管健全度、政务便利与政策支持度六个方面，对长三角地区"三省一市"金融营商环境进行对比评估。长三角地区金融营商环境评估指标体系如表 2-9 所示。

表 2-9 长三角地区金融营商环境评估指标体系

一级指标	二级指标	指标解释
市场开放竞争程度	市场化指数	《中国分省份市场化指数报告》
	外资金融机构数量	数据来源于 Wind 数据库
	民营银行数量	数据来源于 Wind 数据库
金融业态丰富度	直接融资占比	（企业债券+股票融资）/社会融资总量
	中小银行资产占比	城市商业银行、农村商业银行资产规模/银行业资产规模
	要素市场数量	2018 年长三角金融发展研究报告
	法律、会计、评级机构数量	具备银行间市场、证券期货市场从业资格的法律会计、评级机构数量
金融基础设施完善度	创建社会信用体系示范城市数量	前两批社会信用体系建设示范城市
	企业征信机构数量	数据来源于互联网
	第三方支付机构数量	数据来源于互联网
	金融科技中心指数	中国金融科技中心指数

续表

一级指标	二级指标	指标解释
金融人才集聚度	金融从业人员占常住人口比重	数据来源于 Wind 数据库
	金融业工资收入与全社会平均工资比值	数据来源于 Wind 数据库
	金融人才环境指数	中国金融中心（CFCI）指数
法治和监管健全度	商事案件审结与新增比率	数据来源于互联网
	银行保险业行政处罚信息数量	数据来源于互联网
	法治政府评估指数	《中国法治政府评估报告》
政务便利与政策支持度	政府网上政务服务能力	《省级政府和重点城市网上政务服务能力调查评估报告》
	金融专项政策数量占比	2018 年长三角金融发展研究报告
	金融业增加值税负水平	数据来源于 Wind 数据库

我们选取熵值法对指标权重进行确定，并对数据进行标准化处理，最终得到"三省一市"金融营商环境评估一级指标得分，如图 2-2 所示。

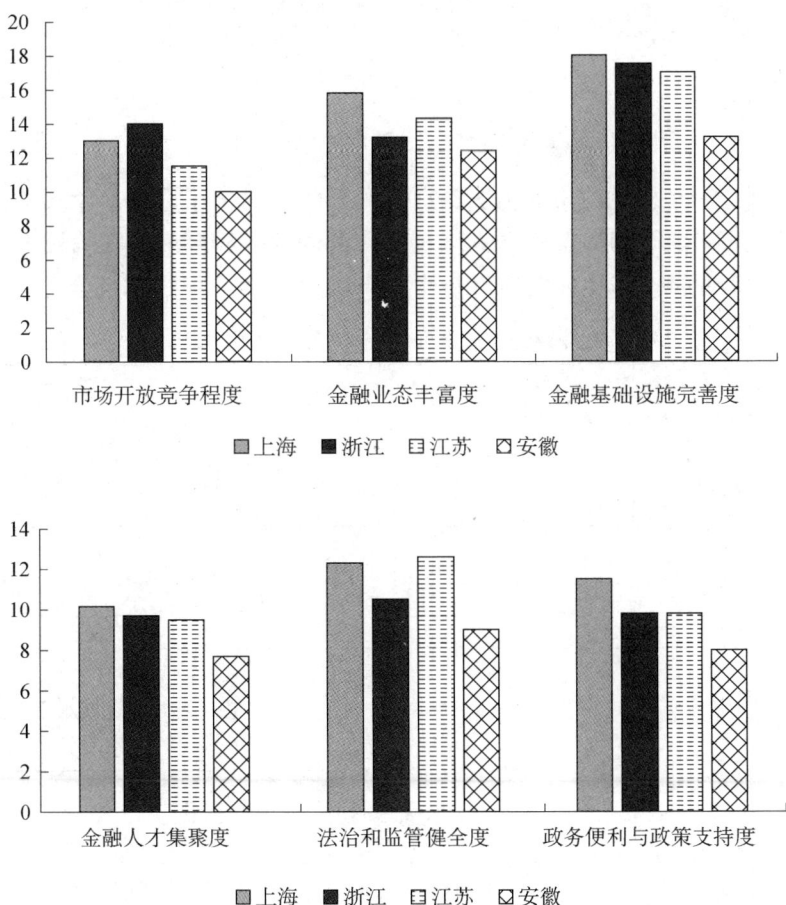

图 2-2　"三省一市"金融营商环境评估一级指标得分

二、制造企业营商环境评价指标体系

裴广成（2017）指出，先进制造业的优化布局与深度融合发展是必然趋势，而如何为先进制造业营造良好的营商环境，成为亟待解决的问题[56]。其借鉴营商环境识别和分析框架，结合京津冀先进制造业发展的实际情况，从两个维度进行分析：一是子环境维度，包括政治环境、经济环境、社会环境、文化环境等。其中，政治环境和经济环境对先进制造业发展影响较大。二是企业经营周期，即时间维度，具体包括企业的设立、经营、退出三个主要阶段。由以上两个维度构建的京津冀先进制造业营商环境分析框架，如图2-3所示。

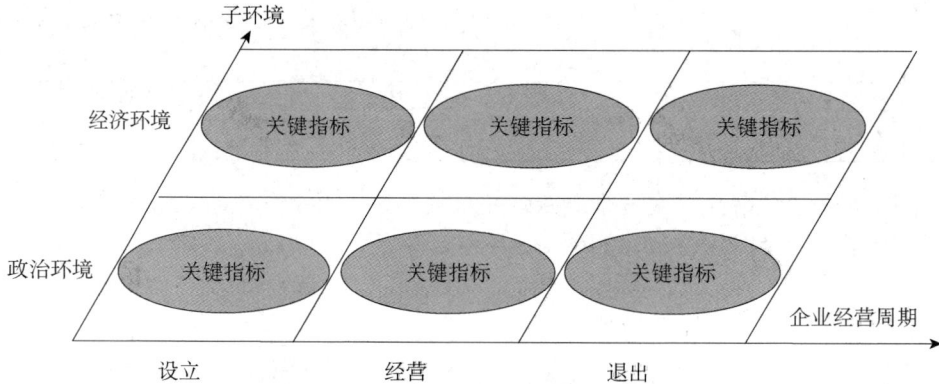

图 2-3　京津冀先进制造业营商环境分析框架

同时，其结合相关研究成果和先进制造业自身发展的规律，通过对京津冀地区先进制造业典型企业的调研，进一步识别出京津冀先进制造业营商环境构成的关键指标并形成指标体系。京津冀先进制造业营商环境评价指标体系如表2-10所示。

表 2-10　京津冀先进制造业营商环境评价指标体系

企业经营周期	子环境	关键指标
设立	经济环境	产业布局 市场需求 金融服务
	政治环境	配套政策 法治化程度 政府服务能力
经营	经济环境	要素市场 生产服务业发展水平 信息及信用体系完备程度
	政治环境	政府服务能力 监管能力
退出	经济环境	政府监管能力
	政治环境	法治化程度 政府服务能力

三、旅游企业营商环境评价指标体系

"政府与市场关系"揭示了旅游业营商环境的实质。根据旅游学、政府经济学理论，在旅游业发展中，政府与市场的关系涉及两方面：其一，政府通过公共产品供给、市场规制，解决旅游市场失灵的问题，促进产业有序发展；其二，在旅游业发展的不同阶段，政府扮演不同的角色，促进旅游产业可持续、快速发展。为有效揭示我国旅游业"政府与市场"关系的实质，推动旅游业"市场决定性"战略有效实施，不断完善我国旅游业营商环境，王红教授参考借鉴美国旅行与旅游协会的全球旅游竞争力指数评价体系（2017）的指标设计，聚焦旅游产业相关主管部门的政府角色，设计了旅游业营商环境评价指标体系[57]，如表 2-11 所示。

表 2-11 旅游业营商环境测评指标体系

一级指标	二级指标
商业环境	个人财产保护有效性
	外商投资激励程度
	处理纠纷法律框架有效性
	合法对政府规制质疑与建议便捷程度
	旅游市场竞争程度
	税收对个人工作积极性影响程度
	税收对投资积极性影响程度
安全环境	对抗犯罪和暴力形成的经营成本
	区域警务工作的可依赖性
	对抗恐怖事件形成的运营成本
产业电子商务环境	对公业务中的网络交易使用率
	与消费者交易中网络使用情况
	所在区域电力供应状况
对旅游产业的重视程度	政府对旅游产业重视程度
	政府对目的地营销的效果
旅游业可持续发展环境	所在区域政府环境规制的严格程度
	所在区域有关环境规制执行的严格程度
	政府促进产业可持续发展的成效
基础设施环境	航空基础设施质量
	公路质量
	火车交通基础设施
	港口基础设施质量
	地面交通（巴士、出租车、地铁）质量
旅游服务与接待设施评价	区域旅游接待设施质量
	区域出租车公司状况

第五节　营商环境评价指标体系发展趋势

一、我国营商环境评价指标体系亟待构建

以世界银行为代表的国际主流营商环境评价指标体系，在"国际可比"上为我国营商环境评价指标体系的构建树立了标杆，评价结果也为我国对标国际先进、持续优化营商环境提供了指引。当然，该评价体系也存在过于侧重政府审批环节的数量与时间等局限性，尤其在"中国特色"上不够突出。如何突出中国特色？作为 2016—2020 年我国经济社会发展的宏伟蓝图，"十三五"规划纲要明确提出，营商环境包括四个维度：公平竞争的市场环境、高效廉洁的政务环境、公正透明的法律政策环境和开放包容的人文环境。然而，现有国内外主流营商环境评价体系缺乏对四个维度的全面把握，尤其缺少对人文环境的关注，其评价结果难以达到《优化营商环境条例》关于发挥营商环境评价对优化营商环境的引领和督促作用"的要求。因而，未来营商环境评价指标体系的构建应以"十四五"规划中的四个维度为指引，突出中国特色，符合中国国情。

二、省份营商环境评价指标体系日益活跃

现有国际主流营商环境评价指标体系，主要用于不同国家之间的营商环境比较，对一国内部不同地区之间的营商环境差异关注不足。尽管我国近年在世界银行全球营商环境评价中的排名迅速跃升，但该评价样本来自我国最发达的两个一线城市——北京和上海，难以反映我国整体营商环境的真实现状。对于我国而言，企业发展面临的复杂经济、市场及制度环境，存在明显的地域差异（黎常，2014）[58]。尽管现有国内主流营商环境评价指标体系能够反映这种地区差异且覆盖面较广，但聚焦于城市层次，仅涉及少许省份而未覆盖全部省份，同时聚焦于市场化进程而缺乏对营商环境的多维度评估。因此，构建省份之间进行比较的营商环境评价指标体系，对于分析我国营商环境问题，制定优化政策，进而缩小省际发展差距，具有重要的现实意义。

三、政务环境仍是我国营商环境评价的重点

国内现有的主流营商环境评价体系均将政府作为重要的评价主体，政商关系评价更将政府作为唯一的评价对象。事实上，我国近年在世界银行营商环境排名中的巨大进步，很大程度上受益于政府推行的"放管服"改革——以办理建筑许可为例，我国全球排名从 2019 年的第 121 位跃升至第 33 位，提升了 88 位。《优化营商环境条例》对政府服务提出了更高的要求，以期进一步深化政务改革，最大限度地减少政府对市场资源的直接配置，激发市场主体的活力，这更突出了政务环境评价的重要性。

四、企业营商环境评价指标体系重要性日益凸显

当前，中央和地方政府都高度重视营商环境的改善，但营商环境与市场主体的期待还有差距，部分企业家的切身感受仍不明显，要么营商环境优化的问题与企业切身利益相关性不高，要么与企业关心的问题对应的营商环境改善力度不足。习近平总书记在 2018 年召开的民营企业座谈会上指出，"有些政策制定过程中前期调研不够，没有充分听取企业意见"。帮助民营企业解决发展中的困难，缩小营商环境与市场主体期待的差距，要畅通企业反馈意见的渠道，深刻了解企业的关切点，因此企业营商环境评价指标体系在优化营商环境方面显得越发重要。中华全国工商业联合会发布的《2019 年万家民营企业评价营商环境报告》，采用了主观指标与客观指标相结合的方式，二者相互补充、相互佐证。一方面，通过客观统计指标与主观问卷的结果比对，进行问卷准确性、真实性的校验，保证评价结果的公正、全面、科学。另一方面，针对不同指标的特点，为每一个指标选取适合的数据采集方法，提升评价结果的代表性和准确性。该报告围绕要素环境、法治环境、政务环境、市场环境、创新环境五大维度，不仅包括开办企业、登记财产、办理建筑许可等世界银行的营商便利度指标，同时重点考虑了营商环境的重点、难点和薄弱环节，尤其企业最关切的市场竞争公平性、政策连续性、执法公正性、政企关系、市场信用与监管、创新政策与双创氛围等体制机制性因素和条件，有重点、有针对性地确定营商环境评价指标，体现了问题导向、推动改革的原则。其具体包含以下三个方面：第一，重视政策落实效果和企业获得感的评估。例如，在要素环境中，针对已经出台的降低物流成本的政策，专门设置了货车年审、年检和尾气排放检验"三检合一"、取消市内高速公路收费等政策落实情况的评估。第二，重视营商环境中的结构性问题。例如，在法治环境中，在分析行政执法工作满意度时，设置了执法程序、执法效率、执法便民、执法工程、维权渠道等分项指标，便于进行结构性分析，找准执法过程中的痛点。第三，设置扣分题目，深挖营商环境优化中存在的瓶颈。例如，在政务环境中设置了针对政商环境中负面现象的题项：在政府涉企服务中是否存在故意刁难、办事拖拉、推诿的行为，是否存在对企业随意执法的现象，有没有向企业乱摊派、乱检查、乱收费，是否强制或暗示企业购买指定产品或服务等问题，以此精准评估体制机制改革中的堵点和难点。

第三章　物流企业营商环境构成及影响因素

第一节　物流企业营商环境内涵

一、物流企业营商环境研究综述

张博从物流业发展面临的困难和挑战出发，重点围绕持续完善物流产业营商环境体系、加速物流企业向数字化转型等方面提出了推动物流业高质量发展的方法途径[59]。王莹基于我国珠三角、长三角、京津冀、成渝等四大都市圈，采用耦合协调度测算模型和面板数据模型考察了四大都市圈物流企业营商环境与商贸零售业之间的耦合协调发展程度和协同发展关系[60]。杨晓光从港口营商环境出发，提出了优化港口营商环境的具体举措[61]。裴茜、胡延华通过总体分析和行业对比发现，政府在营商环境优化服务、企业人才服务和经营场地空间拓展服务方面做得不够，需要进一步改善政府企业服务能力，提升营商环境水平[62]。易伟、黄远新、马莉等从物流基础、营商环境、运营水平、智慧物流、可持续发展五方面提出了长江沿岸24个城市物流绩效提升的策略[63]。肖焕彬、初良勇、王敏等以厦门港为例，分析了口岸营商环境存在的问题，从优化口岸通关和船舶通航等方面提出了具体的营商环境优化措施[64]。柴晓军以深化物流供给侧结构性改革等优化营商环境为主线，提出了促进物流高质量发展的具体举措[65]。刘小明从坚持创新发展、开放发展、绿色发展、安全发展等方面提出了优化物流企业营商环境的经验做法[66]。

关于物流业所处的营商环境，《国务院关于在市场体系建设中建立公平竞争审查制度的意见》（国发〔2016〕34号）指出，区域封锁、行业壁垒等不公平竞争的现象仍然存在。邵迈、许磊（2014）认为，建立合理的市场准入和退出机制，减少行政审批事项显得尤为必要[67]。在关于规范物流企业运作的法律体系方面，张智博（2012）认为物流法规的建立要结合企业的复杂性，面向绿色法规发展[68]。李松庆（2004）认为我国在构建自己的法律体系时要在现有基础上进行漏洞修补，形成一个有层次的法律框架，使物流企业有法可依，真正起到规范作用[69]。在行政执法方面，目前我国关于物流企业运作的行政执法责任制度还不够健全，程序不够完善，评议考核机制不够科学，与相关监管制度衔接不够。一些法律对实际的物流行为缺乏详细指导，这在一定程度上降低了法律效力。在行业监管方面，薛亮（2015）认为，我国第三方物流参与主体多、涉及范围广，这使物流监管法律的制定更为分散和烦琐[70]。闵旭东、黄有方、刘乃增采用结构方程模型方法，以传统物流业和高端物流业为中介变量，实证研究政府营商环境因素对物流集群发展的影响效应[71]。张季平、骆温平、刘永亮等从多个维度运用结构方程模型探讨营商环境影响制造业与物流业联动发展的内在机理，分析了营商环境对物流业和制造业的促进作用[72]。马晓倩（2017）采用问卷调查的方式，剖析我国物流企业营商环境的薄弱环节，并提出了具体的改善建议[73]。黄羽翼、胡焌（2019）从城市物流需求、物流发展设施、物流发展环境等六个维度，构建了城市物流营商环境评价指标体系，并对主要城市物流营商环境进行评价[74]。中国物流与采购联合会通过采集国内 100 家物流企业数据，分析了国内物流企业营商环境存在的不足，提出了改进建议。

二、物流企业营商环境定义

现有文献中涉及物流企业营商环境的论述不多，相关概念及内涵也缺乏统一性和权威性。中国物流与采购联合会近年来对我国物流企业营商环境开展调研工作，每年在全国调查 100 家物流企业，形成优化物流企业营商环境的报告。

我们借鉴企业生命周期视角下营商环境的定义，对物流企业营商环境的内涵进行准确界定。

我们认为，物流企业营商环境主要是在物流企业设立、运营及退出的整个活动过程中面临的各种环境和条件的总和，包括政务环境、市场环境、信用环境、用地环境、用工环境、融资环境、通行环境等多个方面。区域良好的物流企业营商环境，有利于吸引境内外物流企业集聚发展，有利于形成完善的物流业态和物流产业集群，有利于物流业更好地降本增效，更加高效地服务地区实体经济的发展。

三、物流企业营商环境现状

在第二届"一带一路"国际合作高峰论坛上，习近平总书记指出我国与"一带一路"沿线国家本着共商、共建、共享原则，全面推进政策沟通、设施联通、贸易畅通、资金融通、民心相通，并为各国投资者营造公平和非歧视的营商环境[75]。现代物流是融运输、仓储、配送、包装、装卸、搬运、信息等为一体的跨行业、跨部门、跨区域的复合型产业，是国民经济的基础性、战略性、平衡性产业，也是实现我国同"一带一路"沿线国家设施联通、贸易畅通、资金融通的重要纽带。随着我国与"一带一路"沿线国家经贸合作领域的扩大，基础设施的建设、货物的大规模进出口、物流服务需求的增长，将给我国物流业发展带来广阔的市场前景。同时，复杂的国际环境、劳动力成本的不断提升、融资成本的居高不下、土地价格的不断上涨等发展因素的制约，暴露出我国物流企业的竞争力不足，尤其物流企业营商环境的不足。物流企业营商环境的优劣深刻影响物流企业的经营效益和可持续发展。物流企业营商环境的提升不仅有利于物流业降本增效，也会促进物流企业转型升级。因此，研究如何优化和改善我国物流企业的营商环境，显得尤为重要。

营商环境已经成为国内外经济社会发展的重要组成部分。近年来，欧美发达国家进一步加强对行业营商环境的优化研究。例如，美国、德国和新加坡等发达国家非常重视物流企业营商环境的改善，为物流企业的发展提供了较好的政务环境、市场环境、用工环境、税收环境。目前，国外学术界也非常重视对物流企业营商环境的研究，国外专家学者对物流企业营商环境的研究主要采用定量分析和定性描述两种方法，都是以物流企业作为样本评估对象，关注的是物流企业对营商环境的感受，主要以问卷调查和专家访谈的方式展开。

国内关于营商环境的文献更多集中于省份或省会城市、计划单列市等主要城市的营商环境，对于行业特别是物流行业研究很少。物流业由于起点低，长期存在成本高、效率低等问题，全行业绝大多数企业还处于小、散、弱、乱、差等状态，多数企业运营环境欠佳。因此，物流业对营商环境的优化更为迫切。

以上关于物流企业营商环境的研究提供了重要文献和资料，但仍然存在不足。例如，现有研究成果缺少对"一带一路"倡议背景下物流企业营商环境的研究，没有对物流企业营商环境进行比较测算和实证分析，难以有针对性地提出优化物流企业营商环境的具体对策。因此，本书尝试在"一带一路"倡议背景下，结合对国内物流企业营商环境的问卷调研和重点访谈分析，通过对 552 家物流企业营商环境进行实证研究，找出营商环境的薄弱环节，提出具体的改善措施和政策建议，为我国物流企业营商环境的优化改善提供策略。

第二节　物流企业营商环境基本构成

随着经济全球化水平的提升，物流企业营商环境的优劣很大程度上决定着高端要素资源的流向与集聚，成为能否实现物流产业转型升级的关键因素。物流企业营商环境指的是在物流企业设立、运营及退出的整个活动过程中面临的各种环境和条件的总和。良好的物流企业营商环境有助于物流业降本增效，促进物流企业转型升级。

我们依据国内外的探索实践，结合关于物流企业营商环境的参考文献和专家访谈，设计了物流企业营商环境影响因素调研问卷，通过对国内物流企业的调研和实地访谈分析，归纳总结影响我国物流企业营商环境的关键影响因素，将物流企业营商环境评价指标体系分为 9 个一级指标和 28 个二级指标。一级指标包括政务环境、市场环境、用工环境、用地环境、税务环境、通关环境、融资环境、法律环境、信用环境。

一、政务环境分析

依据对既有文献的梳理可知，"营商政务环境"（简称"政务环境"）作为一个初创的学术概念，在学界尚未形成一致性的概念界定和标准化的研究范式。有鉴于此，我们认为，"政务环境"的提出主要源于对营商环境的思考。

"营商环境"一词可追溯至世界银行"Doing Business"项目调查，其认为营商环境是指企业活动中经济、政治、社会与法律环境的综合反映。根据资源依赖理论可知，不存在任何一个可以完全自给自足的组织，任何组织都必须为了生存而与其环境进行交换，对资源的获取诉求形成了组织对外部环境的依赖。

物流企业作为一个独立性组织，亦是如此。在从开办、运营至破产的全过程中，对于需要的全部资源，物流企业无法自给自足，而政务环境正是物流企业的外部环境。由于政府手中持有的特定资源是物流企业的刚性需求，从而形成了企业对资源获取的诉求，产生了对政务环境的依赖。政府作为政务环境资源的生产者，物流企业作为政务环境资源的消费者，双方以资源为载体，形成双向互动关系。

政务环境涵盖与政府行政有关的外部因素集合，主要包括行政制度建设、行政审批、政务服务等方面。透明高效的政务环境能够为社会和市场主体提供优质、高效、便捷的公共服务，充分发挥市场在资源配置中的决定性作用，提高市场和社会的运行效率。

综上所述，我们将物流企业政务环境定义为：物流企业从开办、运营到结束的过程中，政府及相关部门运用公共权力为物流企业提供服务的环境和条件的总和。物流企业政务环境主要包括物流领域行政审批、行政事项办理手续、政务信息公开、地方政府对物流业发展支持、物流业基础设施建设等方面。

二、市场环境分析

市场环境指的是物流企业市场机制建设有关的外部因素集合，主要包括物流企业市场准入和市场竞争等方面。调查显示，物流企业类型涵盖国有及国有控股企业、民营企业、外资及中外合资企业、集体企业和其他五类，其中民营企业占 50%以上的份额。按照企业评估等级分，规模以上物流企业获得国家 A 级及以上企业评定比例较高，大部分中小物流企业并未获得 A 级企业认定。按企业主营业务分，公路货运、仓储管理、综合物流、配送、供应链管理为企业的主要业务范围，占比均在 30%以上。其中公路货运业务占比最大，其次为仓储管理。除此之外，货代、铁路货运、多式联运、物流园区（地产）、航空货运、水路货运、快递均有涉及。

物流企业存在恶性竞争，价格战等行为引发物流服务质量下降，从而损害物流行业和物流企业利益。2017 年，国家对新能源货车购置税实行免征政策，深圳、天津、上海、成都、重庆等地鼓励新能源配送车辆通行。调查显示，在新能源配送车辆发展存在的主要问题中，被调查企业反映新能源配送车辆的问题主要集中在续航里程短、充电桩投资少、载重负荷低、车辆购置价格高、新能源配送车辆通行停靠优化政策不明显等方面，这些问题均在一定程度上限制了新能源配送车辆的便利通行和健康发展。

三、用工环境分析

物流用工环境指的是物流企业在经营过程中，影响其用人需求的情况。其主要包括员工留用率、社会培训、企业人才培养投入、高校物流人才培养等方面。

（一）物流用工环境趋紧

调查显示，30%左右的企业认为新冠肺炎疫情后物流领域用工环境比 2020 年趋紧。国家邮政局统计数据显示，除顺丰和中国邮政 EMS 以外，80%以上的快递员在同一个网点的工作时间不超过 1 年，其中入职不到 1 个月的快递员离职比例最高。

（二）物流用工缺口扩大

劳动密集型的快递员、货车司机等领域用工缺口较大。年轻货车司机出现断崖式下跌，除年轻人不愿意从事货车司机职业外，货车司机驾照获取难也是企业反映的问题，驾驶牵引车的 A2 驾驶证需要通过增驾获取，司机至少需要等 3～4 年时间才能增驾，时间成本过高。

四、用地环境分析

物流用地环境指的是政府土地部门为物流企业提供土地供给和服务的相关环境。其主要包括物流用地获得难易程度和土地费用合理程度。

（一）物流用地难

据项目组实地调研发现，物流企业反映用地难问题依旧突出，上海、杭州、苏州等核心城市物流用地供给逐年缩减，且土地控规多数没有考虑物流用地供应。用地审批环节多，时间长，没有单独的物流用地分类。工业企业旧厂房、仓库和存量土地资源利用不充分，无法转为物流设施用地。新批用地往往处于远郊地区，布局较为分散，多种运输方式衔接不畅。

（二）物流用地贵

物流用地价格偏贵，税费偏高，各地对于物流用地投资强度、税收贡献等要求过高，仓储设施容积率要求偏高，单靠物流经营难以达到标准，城市内原有老旧仓储设施拆迁后置换难。

五、税务环境分析

税务环境指标中能够对产业结构起调整作用的主要是不同行业之间的差异税率及不同的税收优惠。不同税率及税收优惠，对产业发展所起到的引导作用不尽相同。对于新兴产业及创业企业而言，优惠税收可以减轻企业负担，扶持企业成长，从而促进产业兴起。而且，税收优惠政策有助于经济增长方式的转变和经济转型，对新兴产业的投资决策影响明显（Martin Feldstein，2006）[76]。此外，有研究认为，个人所得税过低会降低高新技术企业的创新积极性（韩凤芹，2004）[77]，经济发展在很大程度上取决于政府采取的税收激励政策（Mani，2004）[78]。

研究税务环境对产业结构的隐性影响机制大多集中在企业家活动、公共政策目标实现、投资目标、投资激励等方面。研究发现，与其他政策相比较，税收政策对产业结构的刺激作用更为明显（王银枝，2006）[79]；虽然税收优惠政策对投资有良好作用，但也需注意不同的税收工具在不同国家及不同行业的实施效果是不同的（刘蓉，2005）[80]。

物流企业税务环境一般是指影响物流企业遵从税法规定、合理纳税的相关环境条件。税收环境是从物流企业纳税人角度进行定义的，目的在于全面反映影响物流企业合理纳税的因素。随着经济全球化水平的提升，税收环境的优劣很大程度上决定着物流要素资源的流向与集聚，成为企业能否在行业竞争中获胜的关键因素。

综上所述，税务环境指的是影响物流企业遵从税法规定、合理纳税的相关环境条件，其主要包括企业税收减负程度、营改增（营业税改增值税）后企业减负程度、土地使用税减负程度等方面。

六、通关环境分析

通关环境指的是海关和出入境等政府对外部门为物流企业提供通关服务的环境，其主要包括海关通关环境、出入境商检环境等方面。调查显示，20%以上的企业有拓展国际物流市场的计划。受国际政治环境和新冠肺炎疫情的影响，企业进行海外市场拓展遇到的困难主要包括不了解投资环境、缺乏商务信息、缺少国际物流经营人才、外汇管制严格、报关报检审批程序复杂等方面。被调查企业反映，海关通关查验过多、重复收费的现象依然存在。例如，出入境车辆、货物，在海关查验后边防武警又查验一次，检验检疫部门再查验一次，有的还要重复查验，不仅影响通关速度，而且增加了检查费用。同时，国际中转货物仍需海关检验，存在重复检验的问题。

七、融资环境分析

融资环境指的是物流企业从开办、运营到结束的过程中，银行及金融机构为物流企业提供融资服务的环境。其主要包括物流企业可抵押物选择程度、物流企业贷款额度、物流企业融资渠道等方面。

（一）融资方式有待优化

调查显示，近70%的被调查企业有融资需求；其中近50%的物流企业资金略有缺口，需要融资；近15%的物流企业表示疫情后企业经营出现很大的资金缺口，急需融资。物流企业融资渠道较为单一，主要包括银行贷款、企业债券、上市融资、基金、风险投资、民间借贷等融资方式，部分重点物流企业还能够获取一定财政补贴和税收优惠政策支持。

（二）融资成本居高不下

在银行贷款方面，企业反映融资成本偏高，审批耗时过长，贷款期限较短；信贷担保费用和保证金比例较高，担保条件过高，有抵押物仍然需要担保；企业贷款额度有限，超过门槛不予以担保贷款；仍然以抵押贷款为主，被认可的抵押物偏少，抵押物评估价格过低。

（三）金融惠企政策有待落实

调查显示，新冠肺炎疫情期间出台的金融惠企政策落实不够。物流企业反映金融产品和服务门槛较高，灵活度不够，成本价格总体偏高。临时性延期还本付息政策落实难，对于车贷等社会金融机构没有约束力；政策性担保覆盖水平和服务能力不足，仍然需要抵押等保证。

八、法律环境分析

现代物流是跨部门、跨地区、跨行业的复合型产业，与物流有关的职能又分属于不同部门，各部门根据各自行业特点和部门利益制定规章，致使物流法律法规分散。缺乏统一、协调的行业法律体系难以对物流行业健康发展形成很好的保护。法律环境指的是物流企业从开办、运营到结束的过程中，受到外部法律和执法行为的约束和监管的相关环境条件。其主要包括物流市场执法行为、企业违法行为监管、市场行为风险防控等方面。公平正义的法治环境能够最大限度地承认和保护遵守法律规则的市场主体的利益，增强市场主体生产经营的预期和信心，促进经济社会持续健康发展。

（一）物流执法水平有待提升

调查显示，企业需求最为迫切的是从网上查询和缴纳违章罚款，有超过90%的企业享受或部分享受。对于治理超载联合执法和打击偷油政策反映落实较好的均超过70%，但也有企业反映公路执法流程不统一、不规范，处罚标准自由裁量权过大，对于轻微违规仍然采取罚款方式，对于处罚结果无法异地申请行政复议。

（二）物流法律法规缺乏系统性

物流法律法规涉及发改、交通、公安、商务、邮政、铁路、航空、海关等多个部门，由于各部门协调沟通不够，存在法律法规相互冲突的现象，难以整合物流各环节和各功能之间的关系，不利于形成行业管理优势。

九、信用环境分析

信用环境指的是企业与企业之间、企业与个人之间，以及个人与个人之间的信任关系与信用程度。其主要包括信用管理水平、信用监督机制、信用道德意识等方面。调查显示，60%以上的物流企业认为信用环境有所改善，但拖欠运费、超限超载、虚假承诺、野蛮装卸、泄露信息等诚信问题依旧突出。同时，物流行业在信用方面还存在资质造假、车辆套牌、无证经营、扣货、诈骗等行为。拖欠运费仍然是行业面临的最大难题，企业反映没有有效的约束机制，走完法律程序的时间和费用耗不起。对于出现的诚信纠纷问题，企业反映缺乏投诉渠道和解决机制，行业征信机制缺失，对于失信方缺乏有效的惩戒机制，法律解决方式耗时耗力，缺乏仲裁、调解等灵活解决方式，对于守信企业缺乏切实的激励机制。

第三节　物流企业营商环境影响因子重要度分析

一、研究过程

（一）研究对象

我们以全国 31 个省、自治区、直辖市的 552 家物流企业为研究对象，并针对其进行问卷调查，结合物流企业重点访谈，定量分析"一带一路"倡议背景下我国物流企业营商环境的关键影响因子。

（二）研究工具

我们主要研究"一带一路"倡议背景下物流企业营商环境关键影响因子，涉的评价指标偏多，数据比较复杂，要找出能够代表同类型变量的公共因子，还要对公共因子进行精确的计量、分析、排名并得出相关结论，因此采用因子分析法开展综合评价是比较有效的方法。我们采用李克特 5 级量表进行测量（用 1～5 依次表达从极不重要到非常重要）。问卷由两部分组成，第一部分是物流企业基本概况，包括企业性质、综合评估等级、主要业务、企业所在区域。第二部分为物流企业营商环境关键影响因子重要度调查的测量。调研问卷初稿拟定后，请 30 名物流企业负责人及专家学者对调研问卷进行评价和修正，确立问卷的专家效度，最后修正定稿。

二、研究分析

我们对国内 552 家物流企业进行了有效问卷调研，调查问卷样本结构如表 3-1 所示。

表 3-1　调查问卷样本结构

类别	具体内容										
企业性质	国有及国有控股企业		民营企业		集体企业		外资及中外合资企业			其他	
	3.1%		94.6%		0.2%		1.4%			0.7%	
物流企业综合评估等级	5A		4A		3A		2A		A		其他
	0.7%		9.4%		38.6%		0.2%		0.5%		50.5%
	77.36%	16.85%	2.54%	4.17%	30.98%	78.80%	36.96%	29.17%	16.30%	9.24%	1.99%	6.34%

我们采用探索性因子分析检验问卷内容，对各变量采取主成分分析法来提取公共因子，以 SPSS20 为分析软件。在因子分析前，先进行克龙巴赫 α（Cronbach，α）系数及 KMO（Kaiser-Meyer-Olkin）与 Bartlett 球形检验，结果显示我国物流企业营商环境关键影响因子调查问卷的克龙巴赫 α 系数为 0.938，显示问卷衡量一致性情况良好；KMO 值为 0.881，Bartlett 球形检验的显著性为 0.000，代表问卷呈现较好标准的性质，显示很适合进行因子分析。综合以上分析结果可知，调查问卷符合信度与效度要求。KMO 和 Bartlett 球形检验如表 3-2 所示。

表 3-2　KMO 和 Bartlett 球形检验

项目		数值
KMO 检验（取样适切性量数）		0.881
Bartlett 球形检验	近似卡方分配	13918.931
	自由度	496
	显著性	0.000

我们以主成分分析法提取公共因子，以最大变异数法进行正交转轴，再以 Kaiser 法筛选所得结果，并以特征值大于 1.0 和共同度大于 0.4 为综合指标进行主成分提取，且以因子载荷量大于 0.5 为标准进行公共因子的建立。原问卷共有 32 题，经过第一次因子分析，以特征值大于 1.0 为提取条件，提取 6 个公共因子，发现 32 题中仅有一个题项（A3）的共同度小于0.4，因此删除。第二次因子分析后，删除因子载荷量小于 0.5 的 A2、A5 和 A20 等 3 个题项。逐步删除不适合的题项后，剩有 28 个题项，通过内部一致性检验，得到新量表与 6 个公共因子之克龙巴赫 α 系数为 0.692～0.971（如表 3-3 所示），通过主成分分析法得出公共因子方差（如表 3-4 所示），累计方差贡献率达 69.162%，因子结构具有不错的建构效度（如表 3-5 所示）。

表 3-3　信度分析表

构面	物流企业营商环境关键影响因子计算之信度值	项目个数
A	0.918	8
B	0.870	7
C	0.849	4
D	0.748	4
E	0.692	3
F	0.971	2
总信度	0.934	28

表 3-4　公共因子方差表

影响因子	初始	提取
A1	1.000	0.646
A4	1.000	0.556
A6	1.000	0.467
A7	1.000	0.597
A8	1.000	0.693
A9	1.000	0.624
A10	1.000	0.607
A11	1.000	0.619
A12	1.000	0.701
A13	1.000	0.680
A14	1.000	0.610
A15	1.000	0.530
A16	1.000	0.672
A17	1.000	0.585
A18	1.000	0.757
A19	1.000	0.753
A21	1.000	0.709
A22	1.000	0.865
A23	1.000	0.864
A24	1.000	0.702
A25	1.000	0.736
A26	1.000	0.787
A27	1.000	0.727
A28	1.000	0.536
A29	1.000	0.773
A30	1.000	0.786
A31	1.000	0.892
A32	1.000	0.888

注：提取方法采取主成分分析法。

表 3-5　解释总方差

成分	初始特征值			提取平方和载荷			旋转平方和载荷		
	合计	方差贡献率（%）	累计方差贡献率（%）	合计	方差贡献率（%）	累计方差贡献率（%）	合计	方差贡献率（%）	累计方差贡献率（%）
A	10.534	37.620	37.620	10.534	37.620	37.620	5.626	20.095	20.095
B	2.694	9.621	47.240	2.694	9.621	47.240	3.844	13.727	33.822
C	2.177	7.776	55.016	2.177	7.776	55.016	2.737	9.776	43.598
D	1.565	5.588	60.604	1.565	5.588	60.604	2.550	9.107	52.705
E	1.311	4.682	65.287	1.311	4.682	65.287	2.331	8.325	61.030
F	1.085	3.876	69.162	1.085	3.876	69.162	2.277	8.132	69.162

注：提取方法采取主成分分析法。

三、研究结果

根据"一带一路"倡议背景下我国物流企业营商环境关键影响因子测评的特色及因子旋转后的成分矩阵（如表 3-6 所示），对公共因子加以命名，建立起"一带一路"倡议背景下物流企业营商环境关键影响因子构成要素表，如表 3-7 所示。

表 3-6　旋转成分矩阵

因子	成分					
	A	B	C	D	E	F
A22	0.773	−0.359	0.054	0.291	0.116	0.193
A19	0.770	0.310	0.237	0.019	0.081	−0.037
A30	0.768	0.344	0.175	0.086	0.086	0.180
A21	0.762	0.239	0.157	0.076	0.091	0.182
A18	0.761	0.339	0.225	0.030	0.078	−0.065
A29	0.761	0.340	0.176	0.101	0.097	0.168
A23	0.742	−0.404	0.102	0.278	0.121	0.218
A28	0.652	0.009	−0.036	0.220	0.246	0.039
A1	0.054	0.774	0.124	0.120	0.091	0.077
A7	0.044	0.691	0.212	0.220	−0.011	0.156
A11	0.377	0.599	0.061	0.207	0.208	0.172
A12	0.441	0.574	−0.027	0.095	0.330	0.243
A10	0.439	0.562	0.105	0.185	0.118	0.195
A13	0.464	0.546	0.001	0.079	0.310	0.253
A14	0.114	0.516	0.243	−0.010	0.397	0.338
A26	0.215	0.055	0.793	0.266	0.193	−0.038
A27	0.213	0.005	0.771	0.243	0.167	−0.027
A25	0.105	0.269	0.704	0.028	0.220	0.329
A24	0.124	0.270	0.679	−0.024	0.210	0.329
A8	0.033	0.195	0.132	0.785	0.106	0.096
A9	0.196	0.112	0.062	0.725	0.116	0.175
A4	0.163	0.116	0.150	0.691	0.110	0.056
A6	0.176	0.076	0.091	0.523	0.384	−0.038
A16	0.108	0.151	0.230	0.172	0.743	0.051
A17	0.202	0.095	0.139	0.148	0.667	0.224
A15	0.125	0.116	0.231	0.179	0.645	−0.011
A32	0.195	0.240	0.138	0.149	0.114	0.859
A31	0.219	0.288	0.141	0.175	0.091	0.838

提取方法：主成分分析法。
旋转法：具有 Kaiser 标准化的正交旋转法。

表3-7 "一带一路"倡议背景下物流企业营商环境关键影响因子构成要素表

关键影响因子	成分					
	A 资金及 用地环境	B 政策及 市场环境	C 用工 环境	D 行政法 规环境	E 监管环境	F 通行环境
A22.营改增企业减负程度	0.773					
A19.获得物流用地所需费用合理程度	0.770					
A30.物流企业融资渠道	0.768					
A21.物流企业税收减负程度	0.762					
续 A18.物流用地容易获得程度	0.761					
A29.物流企业贷款额度	0.761					
A23.土地使用税减负程度	0.742					
A28.物流企业可抵押物选择程度	0.652					
A1.物流业市场执法行为规范		0.774				
A7.物流领域行政审批事项简洁程度		0.691				
A11.物流业基础设施建设		0.599				
A12.市场准入：物流企业市场准入标准		0.574				
A10.地方政府对物流业发展支持程度		0.562				
A13.市场竞争：物流业市场竞争自由程度		0.546				
A14.物流业市场主体信用平台建设		0.516				
A26.企业人才培养投入情况			0.793			
A27.高校物流人才培养供给情况			0.771			
A25.社会培训情况			0.704			
A24.员工留用率			0.679			
A8.行政事项办理手续便利程度				0.785		
A9.物流企业所处政务信息公开程度				0.725		
A4.物流企业违法行为的有效监管				0.691		
A6.市场行为风险的预警与防控				0.523		
A16.公众参与和舆论监督作用					0.743	
A17.物流业守信激励、失信惩治机制建立					0.667	
A15.行业协会自律作用发挥					0.645	
A32.出入境商检环境						0.859
A31.海关通关环境						0.838
特征值	5.626	3.844	2.737	2.550	2.331	2.277
方差贡献率	20.095	13.727	9.776	9.107	8.325	8.132
累计方差贡献率	20.095	33.822	43.598	52.705	61.030	69.162

综合以上结果可以发现，问卷变量经因子分析后，可以适当地降维提取6个公共因子，而其中以第一个公共因子（资金及用地环境）解释的方差贡献率最大，表示在物流企业营商环境关键影响因子中最为重要，所以从管理学的视角出发，此公共因子应该被列为重点工作，优先完成。在第一个公共因子中的变量，经过对变量因子载荷量数据大小的观察，发现（A22.营改增企业减负程度）、（A19.获得物流用地所需费用合理程度）及（A30.物流

企业融资渠道）位居前三名，表示此三个变量与第一个公共因子的相关性较高，更应被视为重要影响因子。因此，对于这些方面，应该优先采取针对性对策，优化"一带一路"倡议背景下我国物流企业营商环境。

四、结论与建议

我们通过问卷调查的方式，采用因子分析法分析物流企业营商环境关键影响因子，进一步研究影响因子之间的关联性，重点针对物流企业营商环境关键影响因子分析结果，结合物流企业营商环境6个公共因子，得出以下结论和建议。

第一，上述研究量表可以作为后续物流企业营商环境相关研究的有效依据，为政府部门制定物流企业营商环境优化政策提供参考。

第二，在物流企业营商环境的影响因子中，最重要的前三个因子为营改增企业减负程度、获得物流用地所需费用合理程度及物流企业融资渠道。因此，要改善物流企业营商环境，需要做到以下几点：一是做好营改增后物流企业的减负工作。例如，税务部门应积极响应政府号召，把纳税企业的利益放在重要的位置，对企业提出的税务要求和疑问积极回应，让营改增真正做到为企业减负。适当增加进项税抵扣项目，对于占物流企业较大成本比例的过路过桥费、保险费、房屋租金等纳入进项税抵扣范围。将货物运输服务纳入物流辅助服务，降低税率。设立"物流综合服务"统一税目，对于与物流相关的各环节业务，执行统一的税目和税率，以适应物流业一体化运作的需要。二是强化用地保障。重点对交通物流、电子商务物流、商贸物流、农产品冷链物流、城乡配送物流等不同类别制定物流项目用地标准，增加物流项目用地指标安排，规范用地供应和监管。将物流园区用地纳入城市总体规划，大力推进城镇低效用地连片开发，为物流行业发展提供用地支撑。三是拓宽企业融资渠道。建立金融服务现代物流业发展机制，支持金融机构发展信用贷款，鼓励社会资本以市场化方式设立现代物流产业投资基金，支持企业物流基础设施项目建设。

第三，物流企业对营商环境的看法，主要分为资金及用地环境、政策及市场环境、用工环境、行政法规环境、监管环境及通行环境6个维度。建议从营改增后加大企业减负力度、降低物流用地价格、拓展物流企业融资渠道、加快物流用地保障等方面改善物流企业资金及用地环境；从规范物流业市场执法行为、提高物流领域行政审批效率、加快物流基础设施建设、优化物流企业市场准入标准、加大政府对物流业发展支持程度、提高物流业市场竞争自由程度、加快物流业市场主体信用平台建设等方面优化物流业政策及市场环境；从提高物流企业人才培养投入和员工留用率、加强高校物流人才培养供给和社会培训等方面为物流企业发展提供人才支撑；从提高政务信息公开程度和行政事项办理手续便利程度、加强物流企业违法行为的有效监管等方面完善行政法规环境；从建立守信激励和失信惩治机制、加强舆论监督、发挥行业协会自律作用等方面强化监管环境；从改善出入境商检和海关通关等方面优化通行环境。

第四章 物流企业营商环境评价指标体系构建

第一节 指标体系研究方法

优化营商环境是深化改革开放，驱动经济社会高质量发展的保障条件。物流企业营商环境评价指标体系研究是物流、公共管理学跨学科领域研究的新课题，涉及多学科理论方法和价值融合。

从国内外相关研究与实践来看，物流企业营商环境评价指标体系研究涉及物流、经济学和管理学等多个学科领域，研究方法也要拓展和多元化。研究方法主要有文献分析法、比较分析法、规范分析法、实证分析法、社会指标评价法等。

一、文献分析法

文献分析法就是利用各种渠道搜集与研究相关的文献资料，对文献资料加以梳理、分析和综合，从而间接获得知识经验的研究方法。通过对中外文献进行调查可以研究极其广泛的社会情况。文献调查受外界制约较少，只要找到了必要的文献就可以随时随地进行研究；即使出现错误，还可以通过再次研究进行弥补，因而其安全系数较高。文献调查是在他人劳动成果的基础上进行的调查，是获取知识的捷径。它不需要大量研究人员，不需要特殊设备，可以用比较少的人力、经费和时间，获得比其他调查方法更多的信息。因此，它是一种高效率的调查方法。陈明非、刘艳秋、宋洋等基于文献分析法，从市场分析、运输成本、气候变化、网络节点等方面设计了多式联运跨境物流解决方案[81]。秦天雷运用文献计量分析方法，了解我国绿色物流发展现状，并探讨其发展趋势[82]。我们通过检索中国知网、维普数据库、万方数据库和JSTOR等中英文数据库，通过查阅馆藏著作、登录相关网站和实地调研等方式收集和查阅了大量国内外文献资料，包括国内外相关学术著作、期刊论文、学位论文、新闻报道和调查报告等。通过对文献资料进行归纳与综合分析，我们梳理了物流企业营商环境研究现状和最新动态，以及理论与实践演进过程，并为进一步的规范分析提供了文献基础。

二、比较分析法

比较分析法是对两个或两个以上有一定联系的事物进行考察和辨别，从发现相似性或相异性来加深对事物认识的研究方法[83]。

我们通过比较分析国内外营商环境指标评价体系，从中获得对于物流企业营商环境评价指标体系构建的理念、原则和方法具有启发或借鉴意义的普遍规律。物流企业营商环境评价指标体系构建实际上是不断比较和甄别的过程，特别是对具体评价指标的遴选，需要针对同层级多个备选指标进行比较，从有效性和可靠性等诸多方面进行判别，从而选取最为合适的指标。

三、规范分析法

规范分析法主要通过范畴界定、价值判断和逻辑推理等定性分析方法，解决理论研究中"应该是什么"和"应该怎样"的问题，被广泛应用于基础性社会科学研究。我们在研究中多次用到规范分析法，主要针对物流企业营商环境评价指标体系相关概念的界定与理论学说演绎，指标提炼、筛选和整理，以及指标体系构建的逻辑论证。规范分析还为物流企业营商环境评价指标体系构建过程中运用专家咨询法、层次分析法和实证检验法提供了支撑。

四、实证分析法

实证分析法是指用统计计量方法对经济数据进行处理的分析方法。广义的实证分析法泛指所有经验型研究方法，狭义的实证分析法指通过实际调研获取数据信息，采用定量统计分析和定性价值判断的方式，对于研究对象的相关影响因素之间的关联性及其程度进行研究的方法。我们采用的是狭义的实证研究法，即在完成物流企业营商环境评价指标体系构建之后，主要以收集官方网站或统计年鉴公布的统计数据、面向社会公众进行问卷调查等方式收集相关的数据和信息，随后开展统计、分析和挖掘工作，得出实证研究结论。

五、社会指标评价法

对社会指标有意识地运用发端于 19 世纪 30 年代，主要是比利时、法国、英国和美国的一些社会指标运用的先驱者用来改善公众健康和社会状况的研究。

从社会指标评价法发展的历程来看，早期社会指标评价法强调实证主义和科学主义。实证主义意味着除了采用归纳逻辑在"经验层面"对社会状况进行测量，还需要结合演绎逻辑推理和结果检验，揭示社会现象背后的"客观"规律。科学主义意味着需要采用客观指标保障评价结果的客观性和价值中立性，为了使评价更为精准还可以采用数理模型建构和计量分析预测等定量分析方法。社会指标评价法相关研究成果指出，指标体系设定应遵循有限性、综合性、相符性、协调性和层次性等标准。后来，社会指标理论从对简单要素的影响分析发展为对复杂的多变量的描述，人们意识到社会系统测量的复杂性，所以还需要在评价指标体系中引入价值取向和价值判断，在指标设计上应增加表达利益相关者感受的主观指标[84]。当前，社会指标评价法已从单纯实证导向发展到规范与实证的综合导向，并且在评价中更加注重体现多元性和民主性，客观上使最终评价指标体系能够反映多元主体的意愿，已经由单纯定量描述和定性评价方法走向了混合方法。"混合方法"的运用掀起了被视为继定性和定量方法之后的"第三次方法论运动"[85]。

构建物流企业营商环境评价指标体系需要将社会指标评价方法在哲学理念、指标设计和方法运用等方面的理论成果加以继承和发展。具体而言，物流企业营商环境评价指标体系构建应将工具理性与价值理性相结合，将主观指标与客观指标相结合，将定性分析与定量分析相结合，依托衡量物流企业营商环境的社会指标达到充分反映利益相关者诉求与物流企业营商环境建设实效的指标体系构建目标。

第二节　指标体系构建思路

物流企业营商环境评价指标体系构建需要明确物流企业营商环境内涵和必要性，这也成为研究的逻辑起点。简单来说，物流企业营商环境主要是在物流企业设立、运营及退出的整个活动过程中面临的各种环境和条件的总和。良好的物流企业营商环境，有利于吸引境内外物流企业集聚发展，有利于形成完善、丰富的物流业态和物流产业集群，有利于物流业更好地实现降本增效，更加高效地服务地区实体经济的发展。

一、基本方向

新时代下物流企业营商环境建设是实现物流企业降本增效、推动物流高质量发展的需要，各地对物流企业营商环境重要性的认识提升到了一个新的高度。

就评价目的而言，立足于优化和改善物流企业营商环境根本目的，指标体系定位于为我国物流企业营商环境评价提供一套基于现实国情的技术工具。就评价路径与方法而言，指标体系构建应在对物流企业营商环境内涵的深入剖析与科学概括的基础上，既要体现技术理性，又要体现价值理性，就必须从体制性和价值性出发考量，采用定性评价与定量评价相结合的方法。就评价主体而言，指标体系构建基于第三方评价主体的视角，打破体制内主导的自上而下单一的评价格局，达到共同推进物流企业营商环境建设的目的。

二、评价导向

物流企业类型复杂，包括交通物流、商贸物流、冷链物流等类型，交通物流又分为公路货运、水路运输、航空货运、铁路货运等不同类型，因此物流企业营商环境评价客体较为复杂，需要展开综合考评与测量，并且积极回应社会期待。从具体指标体系设计而言：一是强化结果导向。过程服务于结果，指标体系应反映物流企业营商环境建设成效如何。结果导向下具体指标选取将更加关注企业的需求和行业的痛点。二是强调满意度导向。要准确体现物流企业营商环境的真实水平，就必须从企业的视角看待、审视和评价物流企业营商环境的实践样态。满意度导向就是将企业的直接感受作为评价区域物流企业营商环境水平的重要依据，以其是否满意作为根本评判标准，满意度指标应当成为指标体系的重要组成部分。

三、路径设计

物流企业营商环境评价属于目标性评价。根据国内外营商环境评价指标体系的层级构建经验，可以沿着"目标层→领域层→领域内涵层→指标层"的分解路径构建三级指标结构体系。其中，目标层对应物流企业营商环境最终评价指数，表示物流企业营商环境的综合发展总体水平，统领各级指标层。在目标层之下，领域层即一级指标，又称评价维度，重点在于全面涵盖物流企业营商环境评价所涉及的各个面向。领域内涵层即二级指标，是对一级指标内涵的分解，侧重于体现物流企业营商环境评价各个领域层的内在构成要素及其价值导向。指标层即三级指标，对应可直接测量物流企业营商环境水平的关键性具体指标；基于不同评价手段和数据来源，三级指标分为主观指标和客观指标，主观指标又包含专家评议、企业满意度及公众满意度测量指标。指标体系构建过程采用专家咨询法与层次分析法相结合的技术方法，具体而言，按照层次分析法理念在对指标体系层级和框架的初步确定基础上，利用专家咨询调查问卷得到备选指标的重要性评分，进而遴选出具体指标且计算出指标权重，从而建立一套科学的评价指标体系。

综上所述，物流企业营商环境评价指标体系构建的整体思路与技术路径如图 4-1 所示。

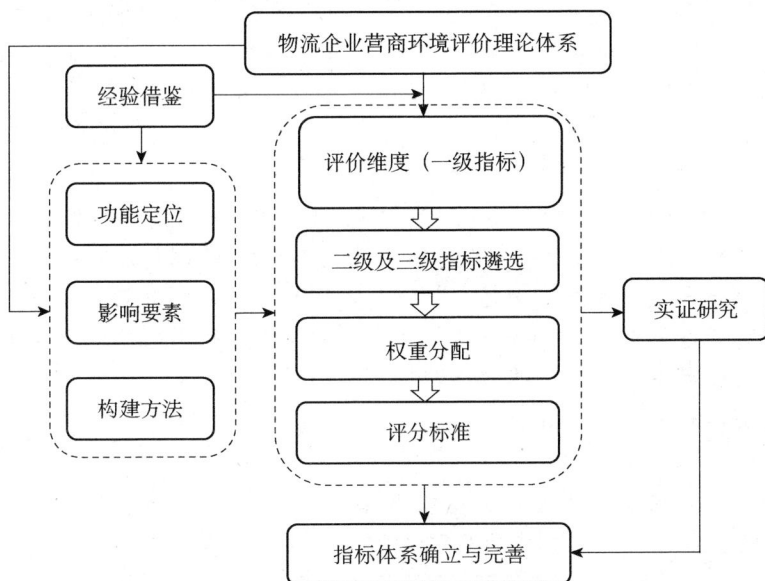

图 4-1 物流企业营商环境评价指标体系构建的整体思路与技术路径

第三节 指标体系构建具体方法

物流企业营商环境评价具有系统性、难量化性和主体多元性等特质，因此指标体系构建的难度和复杂性较高，选取合适的具体构建方法不仅可以提高指标体系的科学性和准确性，还可以节约实证检验的成本。通过遴选各层次指标，初步形成物流企业营商环境评价指标体系，更关键的是确定各指标的权重得分，进而分析各省份营商环境的排名情况。对指标的权重赋值是指标体系构建的关键环节，关乎指标体系的信度和效度。指标权重系数是指标体系的重要组成部分，指标系数越大说明指标越重要，由于营商环境评价指标体系各个指标相对重要程度不同，因而对指标应逐层计算权重。当前指标权重的计算方法主要有两类，主观方法和客观赋值。主观方法主要有问卷调查法、专家打分法和德尔菲法等，而客观赋值多是采用熵权法、因子分析法等。我们采用因子分析法分析指标体系的权重比例，避免主观因素造成的偏差。

一、德尔菲法

德尔菲法（Delphi method），又称专家意见法或专家咨询法，是一种广泛应用的整合专家意见以获得专家在某一问题上共识的方法。德尔菲法由赫尔姆和达尔克在 20 世纪 40 年代首创，自 20 世纪 80 年代以来，一些学者将德尔菲法应用于社会科学研究中，管理学、经济学、教育学、社会学领域都开始用德尔菲法进行相关问题的研究。

德尔菲法的一般步骤：（1）确认问题；（2）选择专家小组；（3）编制与发送第一轮问卷；（4）问卷回收并确定是否进行下一轮调查。

国外有学者提出，当问卷进行到 2～3 轮时，便可以取得专家对问题的共识。德尔菲法自提出以来，在国外科学研究中得到了极为广泛的应用，我国学者于 20 世纪 70 年代末将德尔菲法引入我国。时至今日，德尔菲法已经在我国管理学、教育学、社会学、公共卫生学、临床医学、护理学等各个研究领域得到了广泛的应用，成为预测及评价研究中使用最为普遍的研究方法之一。

德尔菲法依据系统程序，采用匿名发表意见的方式，即专家之间不得互相讨论，不发生横向联系，只能与调查人员发生关系，通过多轮次调查专家对问卷所提问题的看法，经过反复征询、归纳、修改，最后汇总成专家基本一致的看法，将其作为预测的结果。这种方法具有广泛的代表性，较为可靠。德尔菲法是预测活动中的一项重要工具，在实际应用中通常可以分为三个类型：经典型德尔菲法、策略型德尔菲法和决策型德尔菲法。

德尔菲法计算流程如图 4-2 所示。

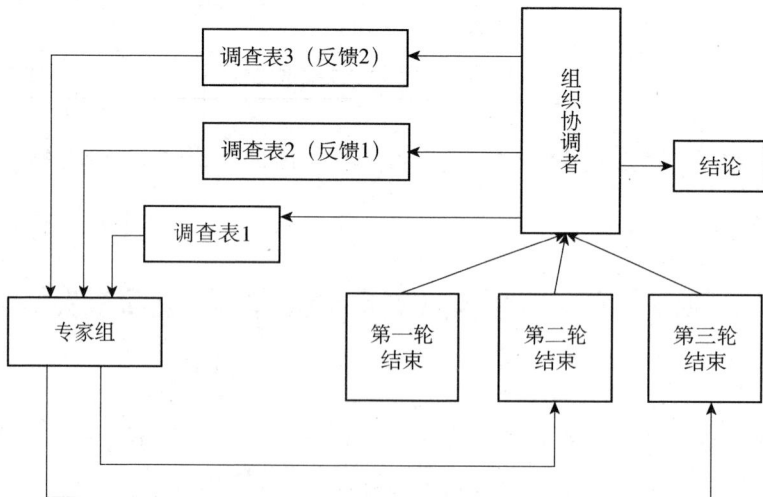

图 4-2　德尔菲法计算流程

二、层次分析法

层次分析法（AHP）由美国著名运筹学家托马斯·萨蒂等人在 20 世纪 70 年代提出的，是一种将定性分析与定量分析相结合的多准则决策方法。层次分析法的特点是在对复杂决策问题的本质、影响因素和内在关系进行深入分析之后，构建层次结构模型，再利用较少的定量信息，将决策的思维过程数学化，从而为多目标或多层次的复杂决策问题提供一种简便的决策方法。

层次分析法的步骤分为构造层次分析结构、构造判断矩阵、对判断矩阵进行一致性检验、层次单排序、层次总排序。

（一）构造层次分析结构

层次结构决定了分析结果的有效程度。根据研究的目标，可将系统分为若干层次，如目标层、准则层、方案层等。

（二）构造判断矩阵

判断矩阵表示针对上一层次的因素，本层因素之间重要程度的比较，目前研究常用 1～9 标度法。判断矩阵标度及含义如表 4-1 所示。

表 4-1　判断矩阵标度及含义

序号	重要性程度	C_{ij} 赋值
1	i，j 两个元素同等重要	1
2	i 元素比 j 元素稍重要	3
3	i 元素比 j 元素明显重要	5
4	i 元素比 j 元素强烈重要	7
5	i 元素比 j 元素极端重要	9
6	i 元素比 j 元素稍不重要	1/3
7	i 元素比 j 元素明显不重要	1/5
8	i 元素比 j 元素强烈不重要	1/7
9	i 元素比 j 元素极端不重要	1/9

（三）对判断矩阵进行一致性检验

为保证层次分析法得到的结论合理，还需对判断矩阵进行一致性检验，以免出现逻辑错误。层次分析法引入判断矩阵最大特征根以外的特征根的负平均值，作为度量判断矩阵偏离一致性的标准，即：

$$CI = \frac{\lambda_{\max} - n}{n - 1}$$

不同阶的判断矩阵判断的一致误差不同。此时需要引入判断矩阵的平均随机一致性指标 RI 值，来衡量判断矩阵是否具有满意的一致性。RI 值如表 4-2 所示。

表 4-2 平均随机一致性指标

阶数	1	2	3	4	5	6	7	8	9
RI	0	0	0.58	0.90	1.12	1.24	1.32	1.41	1.45

1 阶、2 阶判断矩阵总是具有完全一致性，当判断矩阵的阶数大于 2 时，将判断矩阵的随机一致性比率记为 CR。当 $CR = \dfrac{CI}{RI} < 0.10$ 时，可认为判断矩阵具有满意的一致性，否则需要对判断矩阵进行调整。

（四）层次单排序

层次单排序是指某一层次的因素相对上一层次中某一因素的相对重要程度。具体步骤如下：
（1）计算判断矩阵每一行元素的乘积：

$$M_i = \prod_{j=1}^{n} a_{ij}$$

其中 $i = 1, 2, \cdots, n$。
（2）计算 M_i 的 n 次方根：

$$\overline{W_i} = \sqrt[n]{M_i}$$

（3）对（2）得到的向量进行归一化（正规化处理）：

$$W_i = \frac{\overline{W_i}}{\sum\limits_{i=1}^{n} \overline{W_i}}$$

则 W_i 为所求的特征向量。
（4）计算判断矩阵的最大特征根 $\lambda_{\max}$：

$$\lambda_{\max} = \sum_{i=1}^{n} \frac{(AW)_i}{nW_i}$$

其中 $(AW)_i$ 表示向量 AW 的第 i 个元素。

（五）层次总排序

沿层次结构由上而下计算，可算出最低层次相对最高层次的相对重要性，即层次总排序。在实际操作中，总排序一致性检验常常可以忽略。

三、熵权法

熵权法属于客观赋权方法，在完整的样本数据支持下，可以给出具有较高可信度的权重值[86]。
（1）对改进后的层次分析法建立的判断矩阵 B 进行归一化处理，并计算信息熵。

$$P = (p_{ij})_{n \times n}$$

其中，$p_{ij} = \dfrac{b_{ij}}{\sum\limits_{i=1}^{n} b_{ij}}$；$p_{ij}$ 为 b_{ij} 的归一化系数；P 为 B 的归一化矩阵。

$$e_j = -\frac{1}{\ln n}\sum_{i=1}^{n} p_{ij} \ln p_{ij}, (i, j = 1, 2, \cdots, n)$$

其中，$e_j(0 \leqslant e_j \leqslant 1)$为第$j$项指标的熵值；$\dfrac{1}{\ln n}$为信息熵系数。

（2）计算各指标信息熵权重，并用熵权修正层次分析法得出的各指标权重。

$$u_j = \frac{1-e_j}{n-\displaystyle\sum_{j=1}^{n} u_j e_j}, \quad \beta_j = \frac{u_j W_j}{\displaystyle\sum_{j=1}^{n} u_j W_j},$$

其中，u_j为第j项指标的信息熵权重；β_j为第j项指标的合成权重。

四、线性加权法

采用线性加权法构建营商环境综合评价模型，表达式为

$$Z_i = \sum_{i=1}^{n} X_{ij}\beta_j, (i = 1, 2, \cdots, 5; j = 1, 2, \cdots, n)$$

其中，Z_i为第i个物流企业营商环境综合评价得分；β_j为第j项指标的权重；X_{ij}为第i个城市第j项指标的标准化得分值。

五、因子分析法

因子分析法是基于主成分分析的一种降维分析方法，将指标降维作为核心目的，由研究原始变量相关矩阵或协方差矩阵的内部依赖关系出发，把关系杂乱、数量较多的多个指标归纳为保留大部分内部关系的、少量的、便于进一步计算的综合性因子。它把每个研究变量分解为几个影响因素变量，将每个原始变量分解成两部分，一部分是由所有变量共同具有的少数几个公共因子组成的，另一部分是每个变量独自具有的因素，即特殊因子。因子分析重在简化变量维数，希望最少的共同因素（公共因子）能对总变异量做最大的解释，因而抽取的因子愈少愈好，但抽取因子的累计解释的变异量愈大愈好。此外，因子分析法适用于初始数据数量较多，有较强的相关关系的情况，所以求算公共因子之前必须检验相关关系。因子分析的数学模型如下：

$$X_i = \partial_{i1}F_1 + \partial_{i2}F_2 + \cdots + \partial_{im}F_m + e_i, (i = 1, 2, 3, \cdots, p)$$

式中∂_{ij}为因子载荷，F_1，F_2，$\cdots$，F_m，为公共因子，对降维指标进行解释的因子，e_i为X_i的特殊因子，具有特殊性。

用因子分析法计算指标体系得分权重，主要有以下5个步骤：

（1）对原始数据实行无量纲化处理。

（2）对标准化处理后的数据进行 KMO 检验和 Bartlett 球形检验，确定因子相关性，判断是否能够做因子分析。

（3）计算出特征根，确定因子载荷并命名、旋转。

（4）计算出公共因子得分。

（5）计算各指标得分排名。

第四节　指标权重计算及结果

一、构建原则

从理论层面上看，营商环境的指标越全面越好，但受到定量分析方法和数据收集的限制，在实践中，只能有针对性地选取具有代表性的指标，并且应遵循以下的几个原则：

（一）科学性原则

指标的选择、指标权重计算方法的确定，以及数据的选取、整理、计算等都要建立在科学的基础上，最终形成的指标体系才能够真实、有效地反映物流企业营商环境的客观规律，从而为提升物流企业营商环境的对策建议提供科学、可靠的依据。

（二）综合性原则

在指标选取上，要综合考虑指标的内在联系，既要尽可能全面地反映物流企业营商环境的各个方面，又要尽量避免冗余。同时，为了清晰地反映营商环境，便于横向比较，要按照指标层次的高低，设立一级指标和二级指标，对指标体系进行分层。

（三）可行性原则

在众多反映物流企业营商环境的指标中，要按照可行性原则选取适宜的指标。首先，指标的数据必须是能够收集到的或者通过收集简单处理得到的，对于理论上具有重要性，但在现实操作中无法获取的数据尽量不采用。其次，为了便于对比分析，尽可能采用容易量化的指标，或者选取定性指标中能够间接赋值计算的指标，以减少主观臆断的情况。

二、分配标准

通过各层级指标设计和遴选，初步形成物流企业营商环境评价指标体系，还需确定指标的权重和评分标准。指标的权重赋值及其评分标准是指标体系的重要组成部分，两者设定的科学合理性对于指标体系的信度和效度有着直接影响。

权重系数是物流企业营商环境评价指标体系的重要参数。单项指标权重体现了指标在整个指标体系中的重要程度及指标之间的相对重要程度，指标权重越大说明指标的重要性越大。物流企业营商环境评价指标体系中各项指标的重要程度不完全等价，需要针对各个层次指标进行权重分配，科学合理确定权重系数对于评价结果的客观性和可靠性至关重要。

一般而言，权重分配过程本身就是一个决策过程，学界理论研究的权重分配方法，主要包括专家直接赋值法、德尔菲法、层次分析法等方法。具体可划分为两类：一类是主观赋值法，主要依据专家主观经验判断直接获取某项指标的权重值；另一种是客观赋值法，主要根据特定标准的客观原始数据计算得出指标权重值。实践中，主观赋值法可以较为合理、快捷地确定各项指标权重，但受专家主观偏好影响较大，客观赋值法可以有效降低人为因素影响，所确定的指标权重有时与实际偏离较大。

基于物流企业营商环境评价指标体系构建的高度复杂性，我们采用主观专家咨询与客观实际相结合的赋值法为指标权重赋值：首先，根据少量专家咨询意见划分出各层级指标权重的大致区间。其次，根据专家给出的权重区间设计问卷，进行较大规模的专家咨询问卷调查，获得各层级指标权重分配的参考值。最后，借鉴层次分析法的理念计算出各层级指标的权重，并在归整处理后确定权重系数。具体指标权重计算过程是在专家咨询问卷调查获得各层级指标相对重要性评分的基础上，将横向结构上各层级指标相对重要性评分作为其权重设定的参考值，即按照各层级指标的相对重要程度来分配权重。公式为：

$$T_j = \frac{M_i}{\sum\limits_{i=1}^{N} M_i} \times Y_{j-1}$$

T_j 为第 j 级指标对应的权值，Y_{j-1} 为 T_j 对应的上一级指标对应的权值比重，N 为同一层级指标序号最大值，权重的分配按照层级自上而下依次递减。用同样方法计算其他各个层级的指标权重系数。

三、分配过程

我们基于可持续发展思想、公共产品理论等，遵循科学、系统、通用、实用的构建准则，构建物流企业营商环境评价指标体系。其中经过物流业务流程分析、测度目标分解、测度指标要素调查、测度指标体系的检验和修正 4 个基本环节。物流企业营商环境测度指标体系构建基本流程如图 4-3 所示。

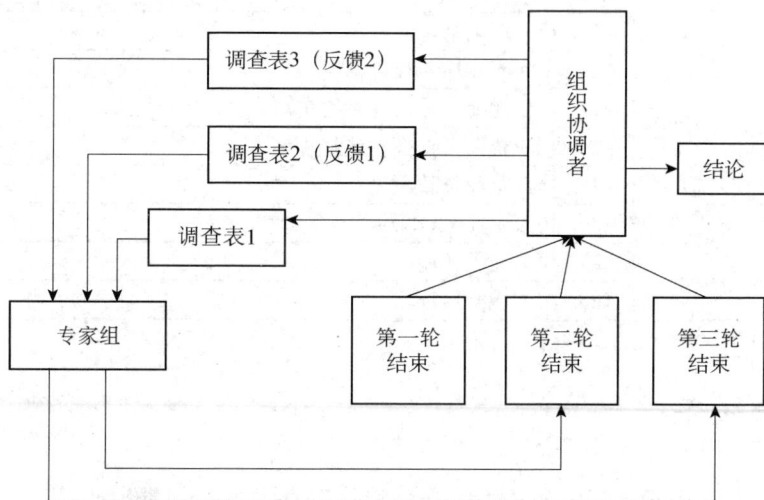

图 4-3　物流企业营商环境测度指标体系构建基本流程

通过比较，我们得到法律环境、政务环境、市场环境、信用环境、用地环境、税务环境、用工环境、融资环境、通关环境 9 个互相联系、互相影响的一级指标。按照客观指标和主观指标相结合的原则，通过专家访谈、企业座谈、调查问卷等多种形式，利用主成分分析法、比较分析法得到一级指标目录下排位最佳的 28 个二级指标。物流企业营商环境评价指标构成如表 4-3 所示。

表 4-3　物流企业营商环境评价指标构成

序号	一级指标	二级指标
1	法律环境	A1. 物流业市场执法行为规范
2		A2. 物流企业违法行为的有效监管
3		A3. 市场行为风险的预警与防控
4	政务环境	A4. 物流领域行政审批事项简洁程度
5		A5. 行政事项办理手续便利程度
6		A6. 物流企业所处政务信息公开程度
7		A7. 地方政府对物流业发展支持程度
8		A8. 物流业基础设施建设
9	市场环境	A9. 市场准入：物流企业市场准入标准
10		A10. 市场竞争：物流业市场竞争自由程度
11	信用环境	A11. 物流业市场主体信用平台建设
12		A12. 行业协会自律作用发挥
13		A13. 公众参与和舆论监督作用
14		A14. 物流业守信激励、失信惩治机制建立
15	用地环境	A15. 物流用地容易获得程度
16		A16. 获得物流用地所需费用合理程度
17	税务环境	A17. 物流企业税收减负程度
18		A18. 营改增企业减负程度
19		A19. 土地使用税减负程度
20	用工环境	A20. 员工留用率
21		A21. 社会培训情况
22		A22. 企业人才培养投入情况
23		A23. 高校物流人才培养供给情况
24	融资环境	A24. 物流企业可抵押物选择程度
25		A25. 物流企业贷款额度
26		A26. 物流企业融资渠道
27	通关环境	A27. 海关通关环境
28		A28. 出入境商检环境

四、计算结果

由于物流企业营商环境指标大多采用李克特量表法，通过问卷调查获取，因此需采用主观赋权法来确定各指标的权重。我们权衡不同权重确定方法的优劣，采用德尔菲法和两两对比法结合的方式确定指标权重，具体步骤：首先，根据最终征询指标的重要程度构建判断矩阵。其次，计算判断矩阵。再次，检验总体一致性。最后，整体排序。由此先后计算得到二级指标和一级指标的权重。物流企业营商环境测度指标体系如表 4-4 所示。

表 4-4　物流企业营商环境测度指标体系

一级指标	一级指标权重	二级指标	二级指标权重	组合权重
法律环境	0.051	A1. 物流业市场执法行为规范	0.429	0.0219
		A2. 物流企业违法行为的有效监管	0.429	0.0219
		A3. 市场行为风险的预警与防控	0.143	0.0073
政务环境	0.097	A4. 物流领域行政审批事项简洁程度	0.077	0.0075
		A5. 行政事项办理手续便利程度	0.077	0.0075
		A6. 物流企业所处政务信息公开程度	0.077	0.0075
		A7. 地方政府对物流业发展支持程度	0.385	0.0373
		A8. 物流业基础设施建设	0.385	0.0373
市场环境	0.097	A9. 市场准入：物流企业市场准入标准	0.250	0.0243
		A10. 市场竞争：物流业市场竞争自由程度	0.750	0.0728
信用环境	0.033	A11. 物流业市场主体信用平台建设	0.100	0.0033
		A12. 行业协会自律作用发挥	0.300	0.0099
		A13. 公众参与和舆论监督作用	0.300	0.0099
		A14. 物流业守信激励、失信惩治机制建立	0.300	0.0099
用地环境	0.248	A15. 物流用地容易获得程度	0.750	0.1860
		A16. 获得物流用地所需费用合理程度	0.250	0.0620
税务环境	0.248	A17. 物流企业税收减负程度	0.637	0.1580
		A18. 营改增企业减负程度	0.105	0.0260
		A19. 土地使用税减负程度	0.258	0.0640
用工环境	0.097	A20. 员工留用率	0.375	0.0364
		A21. 社会培训情况	0.125	0.0121
		A22. 企业人才培养投入情况	0.375	0.0364
		A23. 高校物流人才培养供给情况	0.125	0.0121
融资环境	0.097	A24. 物流企业可抵押物选择程度	0.200	0.0194
		A25. 物流企业贷款额度	0.200	0.0194
		A26. 物流企业融资渠道	0.600	0.0582
通关环境	0.032	A27. 海关通关环境	0.500	0.0160
		A28. 出入境商检环境	0.500	0.0160

五、结论

在以上物流企业营商环境评价指标体系中，一级指标中用地环境、税务环境等指标所占比重相对较高，对应二级指标中物流用地容易获得程度、物流企业税收减负程度尤为重要。一级指标中法律环境、信用环境、通关环境等指标所占比重相对较低，对应二级指标中市场行为风险的预警与防控、物流业市场主体信用平台建设、海关通关环境、出入境商检环境所占比重相对偏低。我们建议在优化物流企业营商环境过程中，有重点性地选择措施加以改善，找到改善和优化物流企业营商环境的最佳方法和有效路径。

第五章　物流企业营商环境满意度研究

第一节　影响因子满意度研究方法

一、影响因子满意度概念

满意度源于心理学中的差距理论，具体表现为一种心理感受，是内心期望与现实感知对比后产生的一种心理感受。若内心期望与现实感知之间的差异较小，则满意度较高；相反，若内心期望与现实感知之间的差异较大，则满意度较低。用公式来表示：

$$满意=内心期望-现实感知（结果）$$

满意度研究是在顾客满意度理论研究的基础上发展而来的，关于顾客满意度的研究兴起于 20 世纪 70 年代。在 2000 年的 ISO/DIS9000 中，对顾客满意度的定义是某一事项满足顾客需求和期望的程度及顾客对这一事项的看法。其中，某一事项指在共同需求和期望及有关各方沟通的基础上，在特定时间的特定事件。

在此基础上，满意度研究被融入了全面质量管理理论。全面质量管理（TQM）源自美国军队的质量管理运动。20 世纪 40 年代，基于管理是过程的理论，美国学者戴明将"计划—执行—检查"这一概念引入质量管理中来，然后将其发展为"计划（plan）—执行（do）—检查（check）—处置（act）"四阶段的循环方式，即 PDCA 循环，又称"戴明循环"。在计划阶段，通过分析当前所处环境的现状，找出存在的质量问题并剖析产生质量问题的原因与影响因素，制定正确的补救措施，提出相关解决方案。在执行阶段，执行计划并落实措施，然后在检查阶段检查并反馈计划具体实施情况，发现执行中存在的缺陷。最后，在处理阶段总结经验，针对计划中存在的不足不断优化，接着将尚未解决的问题转入下一个循环之中。PDCA 循环流程如图 5-1 所示。

20 世纪 50 年代末，美国通用电气公司的费根堡姆和质量管理专家朱兰提出了"全面质量管理"概念，其中"全面"一词主要指质量管理的执行需要组织中每一层次的每个员工参与。全面质量管理是指一个组织以质量为中心，以全员参与为基础，通过让顾客满意和让本组织所有成员和社会受益而取得长期成功。通过对全面质量管理理论的内涵与特征的了解，我们可以发现在物流企业营商环境中的工作也处于一个不断优化并持续改进的循环系统，在这项工作中我们需要政府、企业、社会等每一个成员的参与。因此，用基于质量管理理论的满意度测评来评估物流企业营商环境的好坏，识别物流企业营商环境中存在的问题，通过反馈与不断调整来完善各方的能力显得尤为必要。

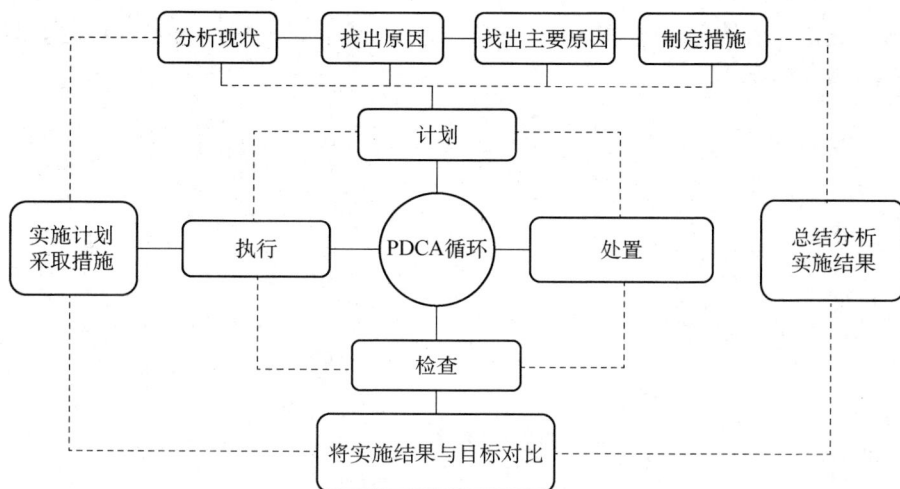

图 5-1　PDCA 循环流程

二、满意度影响因素及机理研究

对公众满意度的研究源于顾客满意度指数测评，瑞典 SCSB 模型的构建引发了顾客满意度的研究浪潮，多个国家或地区先后搭建了全国性或地区性顾客满意度模型。其中，美国的 ACSI 模型及欧洲的 ECSI 模型得到了学界及实务界的广泛运用。"营商环境"作为专业术语近几年才为学界及实务界熟知，目前对于营商环境满意度影响因素及机理的研究仍是学术空白。营商环境是公共服务的一类，我们将从顾客满意度及公共服务满意度的视角梳理相关研究模型、影响因素及机理，以期为营商环境满意度影响因素及机理的研究提供理论指引。

（一）顾客满意度模型研究

所谓模型，理论上是指研究者遵循相关性或相似性等原则，为某种特定的认识或目的而创造的一种系统，运用模型能够将研究对象进行抽象化描述，使研究问题变得相对客观。一般而言，模型由变量及变量之间的相关关系组成。对于源自市场营销学的顾客满意度测评，多个国家开发了多种测评模型及方法，现有的顾客满意度模型均认为，顾客满意度与预期质量、感知质量构成函数关系。科学、准确地构建顾客满意度模型是顾客满意度测评的基础，也是顾客满意度理论关注的焦点。下面梳理和比较瑞典 SCSB 模型、美国 ACSI 模型、欧洲 ECSI 模型及中国 CCSI 模型。

1. 瑞典 SCSB 模型

世界上第一个顾客满意度模型是瑞典 SCSB 模型，如图 5-2 所示。该模型包括预期质量、感知质量两个前置变量，顾客忠诚、顾客抱怨两个后置变量，以及顾客满意度这一核心变量。该模型的变量含义与关系形态如下：顾客在购买产品或服务之前的主观预期为预期质量，购买产品或服务之后的实际感受为感知质量，预期质量可能对顾客满意度存在直接影响效应，也可能通过影响感知质量进而影响顾客满意度。在一般情况下，当顾客接受产品或服务之后，会将产品或服务的实际效用与期望比较，若实际效用大于期望，则感到满意；若实际效用与期望一致，则感到比较满意；若实际效用小于期望，则感到不满意。顾客对产品或服务的整体评价为核心变量，若顾客的整体评价较低，则其可能采取一些行为方式表达不满，即顾客抱怨，反之即顾客忠诚。

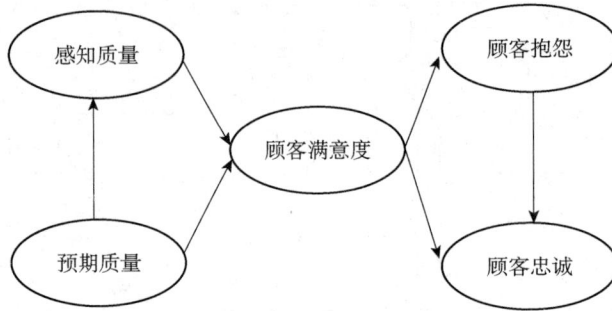

图 5-2　瑞典 SCSB 模型

2. 美国 ACSI 模型

福内尔教授及其团队在瑞典 SCSB 模型的基础上，提出了美国 ACSI 模型，如图 5-3 所示。该模型沿用了 SCSB 模型的主体变量及变量间的影响关系，并在此基础上增加感知价值这一前置变量，各结构变量包含多个观测变量。该模型的变量测量与关系形态如下：预期质量包含可靠性预期、顾客化预期及总体预期三个观测变量，对感知质量及感知价值具有正相关影响；感知质量包含满足个人需求的感知、服务或产品可靠性感知及整体感知三个观测变量，对感知价值及顾客满意度具有正相关影响；感知价值为顾客基于价格及质量感知的利得与利失，对顾客满意度具有正相关影响；顾客满意度包含感知质量与预期相比后的满意度、感知质量与期望相比后的满意度及整体满意度三个观测变量。与此相应，顾客满意度对顾客抱怨产生负向影响，对顾客忠诚产生正向影响。其中，顾客抱怨只含一个观测变量，顾客忠诚则包含重复购买的意愿、对价格上升的容忍程度及对价格下降的接受程度三个观测变量。

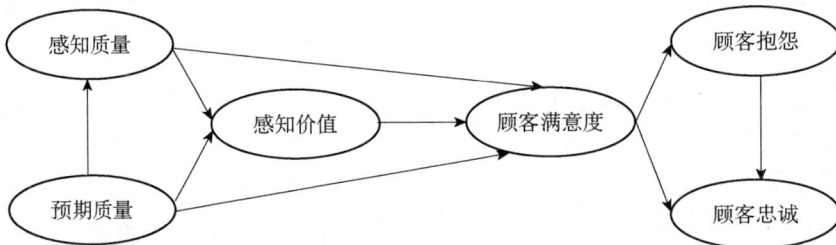

图 5-3　美国 ACSI 模型

3. 欧洲 ECSI 模型

欧洲质量组织（EOQ）和欧洲质量基金会（EFQM）等机构在瑞典 SCSB 模型及美国 ACSI 模型的基础上，建立了欧洲 ECSI 模型，如图 5-4 所示。ECSI 模型共包含品牌形象、预期质量、硬件感知质量、软件感知质量及感知价值五个前置变量，顾客忠诚这一后置变量及顾客满意度这一核心变量。该模型较瑞典 SCSB 模型及美国 ACSI 模型而言，增加了品牌形象这一结构变量、删减了顾客抱怨这一结构变量，并将感知质量分为硬件及软件两个维度，各结构变量间的作用机理与上述两类模型较为相似。

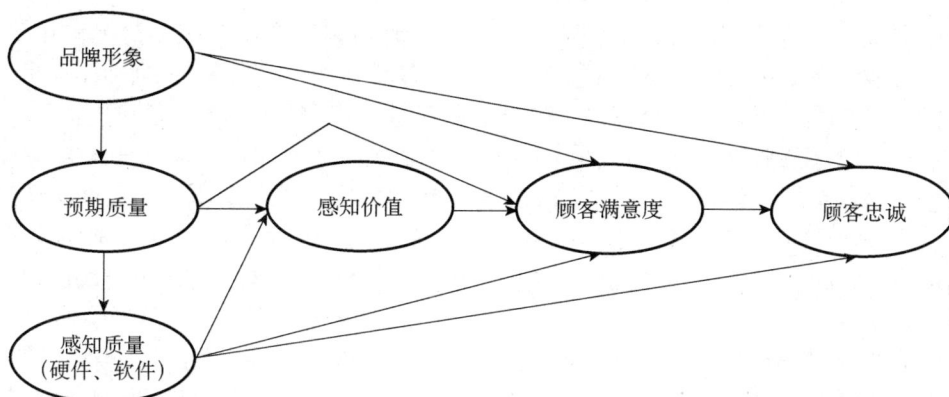

图 5-4　欧洲 ECSI 模型

4. 中国 CCSI 模型

我国学者大多以 ACSI 及 ECSI 两个模型为基础，研究符合我国国情的顾客满意度模型。清华大学结合 ACSI 与 ECSI 两个模型，建立中国 CCSI 模型，如图 5-5 所示。该模型包含品牌形象、预期质量、感知质量及感知价值等前置变量，顾客忠诚这一后置变量及顾客满意度这一核心变量。对比 CCSI 模型与上述模型可发现，CCSI 模型与 ECSI 模型相似度最高，但较 ECSI 模型而言，CCSI 模型中对于感知质量这一结构变量没有细分维度，品牌形象与其他结构变量之间的作用机理也发生了一定的变化。

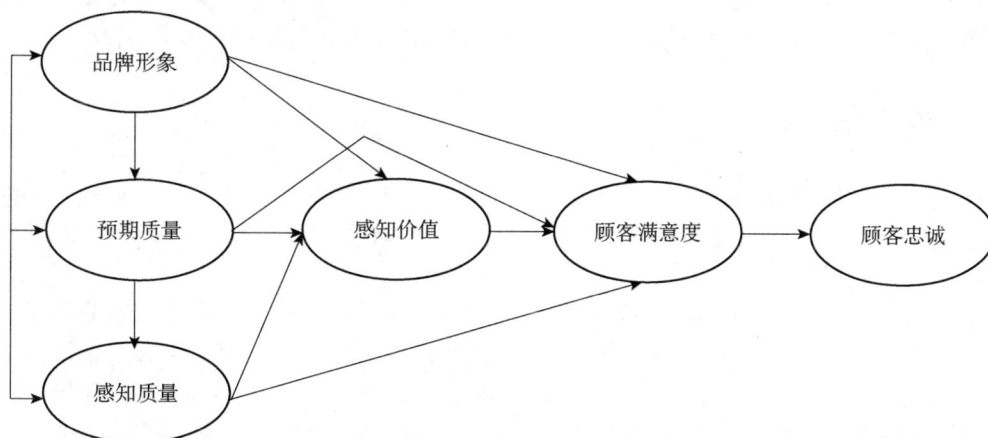

图 5-5　中国 CCSI 模型

（二）公共服务满意度影响因素及机理的模型研究

目前，大部分学者在美国 ACSI 模型、欧洲 ECSI 模型、SERVQUAL 模型等国外经典顾客满意度模型的基础上，开展对公共服务满意度影响因素及机理的研究。综合来看，已有研究主要分为以下三类：一是直接运用国外经典顾客满意度模型，研究诸如公共交通服务、公共旅游服务满意度的影响因素及机理。也有学者直接运用 SERVQUAL 模型、期望不一致理论、粗糙集理论模型等，对公共服务满意度开展相关研究。二是借鉴国外经典顾客满意度模型的核心架构，根据公共部门的特点对相关变量进行调整，以此构建公共服务满意度模型。例如，盛明科与刘贵忠（2006）、杨雪与刘武（2006）、朱国玮（2007）等学者借鉴美国 ACSI 模型，将"顾客忠诚"变量替换为"公众信任"，将"感知质量"替换为"服务质量"并对其进行详细分类测量，将模型中的"顾客"以"公民"代替，结合研究实际情况构建符合中国国情的模型，例如 CPSI 模型、PSCSI 模型、PSPSI 模型[87-89]。吴建南、黄加伟、张萌（2006）借鉴美国 ACSI 模型，增加"公众信息"这一结构变量，将"顾客忠诚"替换为"公众信任"，以此构建公众满意度测评模型[90]。徐增阳、崔学昭、姬生翔（2017）借鉴美国 ACSI 模型和中国 CCSI 模型，重新设计感知质量的测量维度，构建了农民工公共服务满意度测评模型[91]。也有学者选取国外经典顾客满意度模型的部分框架及相关作用关系，聚焦个别变量对公共服务满意度的影响机理。例如，范柏乃、金洁（2016）引入政府形象，作为中介变量，引入公众参与，作为调节变量，分析公共服务供给特征对公共服务感知绩效的影响机理[92]。郑建君、赵东东（2019）研究政府职能转变对公共服务满意度的影响机理，并将公民参与作为中介变量，将省份、政府透明度作为调节变量[93]。三是综合经济学、社会学及心理学等领域相关理论，运用回归分析研究公共服务满意度的影响因素及机理。例如，纪江明、张乐天、李成圆等学者运用分层线性回归模型，从城市及个人两个层面分析公共服务满意度的影响因素及机理[94-95]。

（三）影响公共服务满意度的因素及机理研究

公共服务满意度影响因素较为复杂，从现有的研究成果来看，对公共服务满意度影响因素及机理的考察和研究未成体系。有学者认为可通过经济学、社会学及心理学三种途径研究公共服务满意度的影响因素及机理。经济学途径即公众对公共服务满意与否的评价取决于其对利益的理性计算；社会学理论认为，社会环境因素影响公众的政治态度及公共服务满意度评价；心理学理论强调，从公众对于环境的认同和特定社会团体的心理归属感考量其政治态度。此外，政治学理论认为政府绩效、信息透明度及公众参与等影响公众的满意度评价。

三、满意度测评方法

在公共领域，满意度测评涉及许多公众生活领域，相关研究主要是在欧美国家民意研究的基础上发展起来的，主要是由于学者用指标体系评价社会状况时发现客观社会指标存在诸多局限性，如生活质量、幸福程度、价值观等。

王宁、胡大伟、徐杰等通过对目标函数中成本权重和客户价值权重进行参数分析，表明成本和客户价值之间存在明显的背反关系[96]。邓友均等以物流配送成本最低和客户平均满意度最高为目标，构建了一种客户满意度的物流配送路径规划与充放电管理多目标优化模型[97]。汪勇、邱伟建立了在调度时间窗满意度函数的约束下包含固定成本、运输成本和惩罚成本的总成本最小的 VRP 模型[98]。

满意度指标主要利用李克特量表、古特曼量表、舍斯东量表、鲍格达斯社会距离量表、梯形量表和语义差异量表、对偶量表、梯形量表等进行测量。满意度指标可以包括具体满意度测量指标和总体满意度测量指标两部分，由两者加权得到最终满意度结果。满意度测量效度则与评价内容本身、公众个人差异和公众参与方式等影响因素密切相关。

满意度测量方法主要有单条目测量、基于领域划分的多条目测量和基于模型建立的多条目测量三种角度。其中，单条目测量通常使用单一指标询问并应用于整体或特定领域工作质量的评价或满意程度；基于领域划分的多条目测量主要是根据评价维度将满意度划分为不同领域的满意度，采用层次分析法，构建一级或多级指标，并对每项指标赋予权重；基于模型建立的多条目测量，如美国顾客满意度指数模型研究从公众预期、服务质量及总体满意度三个方面展开[99]。

相较而言，单条目测量简单易行，更适用于对满意度前因后果的研究，也是多条目测量的基础；基于领域划分的多条目测量方法，虽然建立过程烦琐，但对于详细描述满意度情况且提出针对性的指导建议具有良好效用，故被国内大多数相关研究采用。基于模型建立的多条目测量方法则在一致性信度和重测信度上都高于"单一条目"法，且理论基础优于基于领域划分的多条目测量，因此更适用于检验公众对某项公共服务的满意度[100]。

从物流企业营商环境评价的要求来看，企业是物流营商环境建设最终受益的对象，或者说是利益相关者，物流企业营商环境建设成效如何应由物流企业来评价。物流企业实际体验是否满意本身就构成物流企业营商环境评价的重要内涵和评价标准，虽然满意度评价指标的数据是主观的，但其反映了物流企业营商环境建设成效的认可和满意程度。优化物流企业营商环境的根本目的是让物流企业提升"获得感"。因此，物流企业营商环境评价不应由政府部门判断，而应以物流企业感知为标准，这与物流企业营商环境评价指标体系的满意度导向评价理念高度契合。因此，物流企业营商环境评价指标体系构建应将物流企业满意度指标作为重点进行设计。

第二节 影响因子满意度研究结果

浙江省是我国改革开放的前沿阵地，作为共同富裕示范区的试点省份，其营商综合环境具有较强的代表性，我们将利用上面构建的指标体系测度浙江省的物流企业营商环境水平。

一、问卷调查

为全面反映物流企业对营商环境的真实感受，我们于 2020 年 12 月，分区域选择在杭州、宁波、温州、金华等 11 个地级市开展问卷调查。此次调查在设计时坚持借鉴与改进相结合、问题排列合理、互相佐证、关键对应等基本原则，采用问卷与量表研制的方法，经过条目建立、优化筛选、确定答案、测试、信度效度初步检验、问卷调整、问卷编号、填表说明等程序，最终形成正式的调查问卷。按照分类、需要原则确定调查对象，对回收问卷分地区进行整理、筛选和剔除，最终获得有效问卷 218 份，调查问卷样本结构如表 5-1 所示。我们借助 SPSS 软件进行此次问卷的信度、效度分析，分析发现调查问卷的克龙巴赫 α 信度系数为 0.728，表示问卷衡量一致性的情况较好。

表 5-1 调查问卷样本结构

类别	具体内容											
企业性质	国有及国有控股企业		民营企业		集体企业		外资及中外合资企业				其他	
	0.92%		95.87%		2.29%		0.46%				0.46%	
物流企业综合评估等级	5A		4A		3A		2A		A		其他	
	0.92%		4.58%		21.56%		—		—		72.94%	
企业主要业务（多选）	公路货运	水路货运	航空货运	铁路货运	综合物流	仓储管理	配送	供应链管理	多式联运	物流园区	快递	货运代理
	83.03%	24.77%	0.92%	0.92%	29.36%	73.39%	32.57%	19.72%	15.60%	4.59%	1.83%	10.09%

二、物流企业营商环境水平测算

我们对 218 份针对不同调查对象的（浙江省物流企业）问卷结果进行测算并取平均值，转化成百分制，得到各二级指标的具体得分情况。浙江省物流企业营商环境指标得分情况如表 5-2 所示。

根据设定的物流企业营商环境评价指标体系，物流企业营商环境水平 M 的计算公式为：

$$M = \sum_{i=1}^{9} \alpha_i M_i = \sum_{i=1}^{9} \sum_{j=1}^{j} \alpha_i \alpha_{ij} M_{ij} \tag{1}$$

其中，M_i 为第 i 个一级指标，α_i 为 M_i 的权重，由于物流企业营商环境有 9 个一级指标，所以权重 $\sum_{i=1}^{9} \alpha_i = 1$。$M_{ij}$ 为第一级指标 M_i 下的第 j 个二级指标，α_{ij} 为 M_{ij} 的权重，权重 $\sum_{j=1}^{j} \alpha_{ij} = 1$。

把表 5-2 数据代入公式（1），可得到 11 个调查问卷地区的一级指标指数、综合指数，同时将指数值换算成百分制，计算得出 2020 年浙江省及各地级市物流企业营商环境指数，如图 5-6 所示。

三、结论

第一，物流企业营商环境评价指标体系可以测度我国地区物流企业营商环境水平，找到改善和优化地区物流企业营商环境的最佳方法和有效路径，为优化物流企业营商环境提供科学指导。

第二，构建物流企业营商环境测度指标体系应遵循科学性、系统性、实用性、层次性和可度量的基本原则，从可持续发展理论、公共产品理论来看，物流企业营商环境可分为法律环境、政务环境、市场环境、信用环境、用地环境、税务环境、用工环境、融资环境、通关环境等维度来构建物流企业营商环境。

第三，浙江省物流企业营商环境总体水平中等，区域发展比较均衡。比较而言，政务环境、信用环境、市场环境等指数得分率比较理想，法律环境、用工环境、通关环境等指数得分率偏向中等，而用地环境、税务环境、融资环境等指数总体水平偏低，有较大的优化空间。

四、不足及展望

由于受到各方面条件的限制，相关研究存在一些不足及遗憾之处，主要有以下几个方面：

第一，构建物流企业营商环境满意度影响因素及机理理论模型时，可能未将所有影响因素考虑在内。其一，由于缺乏物流企业营商环境满意度的理论文献或实践经验可以借鉴，我们只能参考顾客满意度及公共服务满意度领域相关文献，运用扎根理论法探索营商环境满意度的影响因素，扎根理论分析的样本选择决定了影响因素的析取；其二，书中所提的物流企业营商环境概念局限于狭义层面，将宏观经济、市场体量设为默认值，未考虑宏观层面因素对物流企业营商环境的影响。

表5-2　浙江省物流企业营商环境指标得分情况

二级指标	杭州	宁波	温州	绍兴	台州	嘉兴	金华	衢州	舟山	湖州	丽水	浙江
B1. 物流业市场执法行为规范	83.33	82.50	78.18	84.35	91.43	83.64	86.25	85.33	88.00	77.50	80.00	83.76
B2. 物流企业违法行为的有效监管	83.33	75.00	78.18	80.00	80.95	80.00	88.75	78.67	81.00	83.75	81.33	80.73
B3. 市场行为风险的预警与防控	81.67	82.50	77.27	74.78	76.19	77.27	78.75	88.00	76.00	71.25	80.00	78.44
小计（平均）	82.78	80.00	77.88	79.71	82.86	80.30	84.58	84.00	81.67	77.50	80.44	80.98
B4. 物流领域行政审批事项简洁程度	80.83	79.17	82.73	86.96	86.67	82.73	76.25	85.33	85.00	85.00	81.33	82.94
B5. 行政事项办理手续便利程度	87.50	83.33	92.73	91.30	91.43	86.36	83.75	90.67	90.00	87.50	84.00	88.17
B6. 物流企业所处政务信息公开程度	88.33	85.00	84.55	90.43	87.62	86.36	90.00	93.33	93.00	90.00	89.33	88.62
B7. 地方政府对物流业发展支持程度	95.00	83.33	90.00	89.57	95.24	89.09	97.50	93.33	89.00	90.00	94.67	91.19
B8. 物流业基础设施建设	90.00	89.17	82.73	94.78	98.10	84.55	88.75	94.67	95.00	83.75	92.00	90.28
小计（平均）	88.33	84.00	86.55	90.61	91.81	85.82	87.25	91.47	90.40	87.25	88.27	88.24
B9. 市场准入：物流企业市场准入标准	64.17	61.67	65.45	64.35	65.71	61.82	63.75	61.33	64.00	63.75	61.33	63.49
B10. 市场垄断：物流业市场竞争自由程度	65.83	60.83	63.64	62.61	62.86	61.82	60.00	61.33	61.00	66.25	60.00	62.48
小计（平均）	65.00	61.25	64.55	63.48	64.29	61.82	61.88	61.33	62.50	65.00	60.67	62.98
B11. 物流业市场主体信用平台建设	74.17	74.17	81.82	85.22	81.90	80.91	85.00	82.67	85.00	83.75	81.33	81.10
B12. 行业协会自律作用发挥	86.67	86.67	90.00	88.70	90.48	88.18	96.25	86.67	89.00	87.50	85.33	88.62
B13. 公众参与和舆论监督作用	88.33	85.83	90.91	86.96	91.43	86.36	92.50	92.00	87.00	88.75	81.33	88.26
B14. 物流业守信激励、失信惩治机制建立	76.67	68.33	75.45	71.30	70.48	75.45	76.25	76.00	73.00	71.25	72.00	73.21
小计（平均）	81.46	78.75	84.55	83.04	83.57	82.73	87.50	84.33	83.50	82.81	80.00	82.80
B15. 物流用地容易获得程度	63.33	60.83	61.82	60.00	60.00	60.91	61.25	60.00	60.00	61.25	60.00	60.92
B16. 获得物流用地所需费用合理程度	64.17	60.83	62.73	60.00	60.00	60.00	60.00	60.00	60.00	61.25	60.00	60.92
小计（平均）	63.75	60.83	62.27	60.00	60.00	60.45	60.63	60.00	60.00	61.25	60.00	60.92
B17. 物流企业税收减负程度	60.83	61.67	60.91	61.74	60.00	60.00	60.00	60.00	60.00	62.50	61.33	60.83
B18. 营改增企业减负程度	65.00	65.83	63.64	60.87	60.00	62.73	62.50	61.33	61.00	61.25	65.33	62.75
B19. 土地使用税减负程度	67.50	68.33	64.55	61.74	60.00	64.55	62.50	61.33	63.00	62.50	66.67	64.04
小计（平均）	64.44	65.28	63.03	61.45	60.00	62.42	61.67	60.89	61.33	62.08	64.44	62.54

续表

二级指标	杭州	宁波	温州	绍兴	台州	嘉兴	金华	衢州	舟山	湖州	丽水	浙江
B20. 员工留用率	82.50	74.17	76.36	83.48	82.86	79.09	76.25	77.33	80.00	77.50	76.00	78.90
B21. 社会培训情况	80.83	72.50	77.27	83.48	83.81	80.91	81.25	80.00	78.00	77.50	74.67	79.17
B22. 企业人才培养投入情况	85.83	80.00	79.09	87.83	82.86	82.73	85.00	86.67	83.00	76.25	89.33	83.39
B23. 高校物流人才培养供给情况	85.00	80.83	79.09	88.70	86.67	84.55	86.25	86.67	84.00	82.50	88.00	84.59
小计（平均）	83.54	76.88	77.95	85.87	84.05	81.82	82.19	82.67	81.25	78.44	82.00	81.51
B24. 物流企业可抵押物选择程度	67.50	70.00	67.27	64.35	60.95	63.64	63.75	66.67	65.00	68.75	68.00	65.96
B25. 物流企业贷款额度	64.17	60.83	63.64	60.00	60.95	60.00	60.00	61.33	60.00	62.50	60.00	61.28
B26. 物流企业融资渠道	63.33	61.67	63.64	60.00	60.00	60.00	60.00	61.33	61.00	62.50	61.33	61.38
小计（平均）	65.00	64.17	64.85	61.45	60.63	61.21	61.25	63.11	62.00	64.58	63.11	62.87
B27. 海关通关环境	81.67	76.67	81.82	86.96	90.48	86.36	85.00	86.67	85.00	82.50	82.67	84.04
B28. 出入境商检环境	81.67	75.00	82.73	86.96	89.52	86.36	85.00	86.67	85.00	83.75	82.67	83.94
小计（平均）	81.67	75.83	82.27	86.96	90.00	86.36	85.00	86.67	85.00	83.13	82.67	83.99

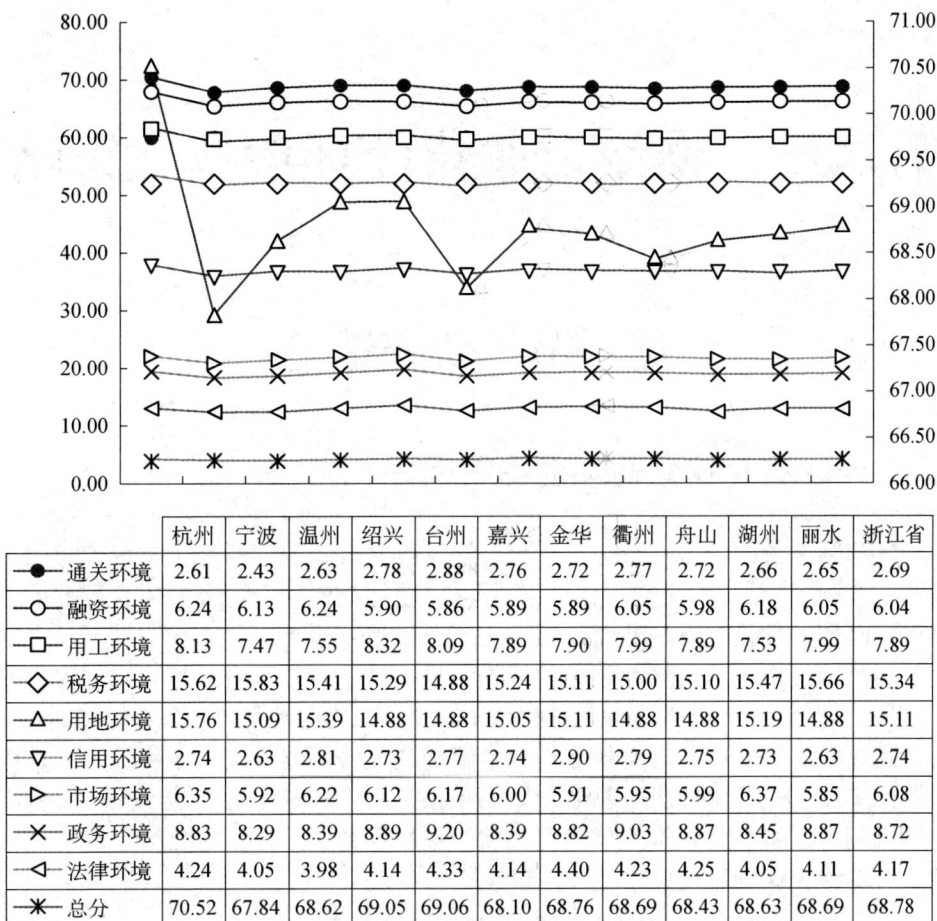

	杭州	宁波	温州	绍兴	台州	嘉兴	金华	衢州	舟山	湖州	丽水	浙江省
通关环境	2.61	2.43	2.63	2.78	2.88	2.76	2.72	2.77	2.72	2.66	2.65	2.69
融资环境	6.24	6.13	6.24	5.90	5.86	5.89	5.89	6.05	5.98	6.18	6.05	6.04
用工环境	8.13	7.47	7.55	8.32	8.09	7.89	7.90	7.99	7.89	7.53	7.99	7.89
税务环境	15.62	15.83	15.41	15.29	14.88	15.24	15.11	15.00	15.10	15.47	15.66	15.34
用地环境	15.76	15.09	15.39	14.88	14.88	15.05	15.11	14.88	14.88	15.19	14.88	15.11
信用环境	2.74	2.63	2.81	2.73	2.77	2.74	2.90	2.79	2.75	2.73	2.63	2.74
市场环境	6.35	5.92	6.22	6.12	6.17	6.00	5.91	5.95	5.99	6.37	5.85	6.08
政务环境	8.83	8.29	8.39	8.89	9.20	8.39	8.82	9.03	8.87	8.45	8.87	8.72
法律环境	4.24	4.05	3.98	4.14	4.33	4.14	4.40	4.23	4.25	4.05	4.11	4.17
总分	70.52	67.84	68.62	69.05	69.06	68.10	68.76	68.69	68.43	68.63	68.69	68.78

图 5-6 2020 年浙江省及各地级市物流企业营商环境指数

第二，采用传统的问卷调查法收集数据，虽然在程序设计和统计检验中尽量控制样本的偏差值在一定范围内，但该问题仍未得到有效解决。此外，我们采用了传统的相关分析、方差分析、因子分析等量化研究方法，虽能析取影响物流企业营商环境满意度的影响因素，阐释其影响机理，但不能生动反映实际情况中可能发生的各类动态变化。

第三，物流企业营商环境的重要性日益凸显，其研究前景令人憧憬。针对我国物流企业营商环境评价指标体系的研究为物流行业提供了较有价值的经验。围绕上述不足之处，以后的研究或许可以在以下方面进行优化或完善：采用更为严格的调查取样方法，改进以手填报的数据采集方式，尝试运用大数据等现代信息技术，尽可能挖掘营商环境满意度的影响因素。

第六章 物流企业营商环境优化策略

第一节 研究结论

一、关于物流企业营商环境影响因素

我们采取问卷调查的方法，采用因子分析法分析物流企业营商环境关键影响因子。其中最重要的前三个因子分别为营改增企业减负程度、获得物流用地所需费用合理程度及物流企业融资渠道。因此，优化物流企业营商环境需要在以下三个方面加大努力。一是做好营改增后物流企业的减负工作。适当增加进项税抵扣项目，对于占物流企业较大成本比例的过路过桥费、保险费、房屋租金等纳入进项税抵扣范围。二是强化用地保障。重点对交通物流、电子商务物流、商贸物流、农产品冷链物流、城乡配送物流等不同类别制定用地标准，增加物流项目用地指标安排，规范用地供应和监管。三是拓宽企业融资渠道。建立金融机构服务现代物流业发展机制，支持金融机构发展信用贷款，鼓励社会资本以市场化方式设立现代物流产业投资基金，支持企业物流基础设施项目建设。

二、关于物流企业营商环境指标构成

我们经过物流业务流程分析、目标分解、指标要素调查、指标体系的检验和修正4个基本环节，通过比较，得到法律环境、政务环境、市场环境、信用环境、用地环境、税务环境、用工环境、融资环境、通关环境9个一级指标；以专家访谈、企业座谈、调查问卷等多种形式，采取主成分分析法，通过比较分析，得到一级指标目录下排位最佳的28个二级指标，并运用主观赋权法构建我国物流企业营商环境评价指标体系。该指标体系可以测度我国地区物流企业营商环境水平，找到改善和优化物流企业营商环境的最佳方法和有效路径，为优化物流企业营商环境提供科学指导。

三、关于物流企业营商环境满意度

我们以共同富裕示范区试点省份浙江省为例，测度浙江省典型城市的物流企业营商环境综合指数。数据显示，浙江省物流企业营商环境总体水平属于中等，区域发展比较均衡。比较而言，政务环境、信用环境、市场环境等指数得分率比较理想，法律环境、用工环境、通关环境等指数得分率偏向中等，而用地环境、税务环境、融资环境等指数总体水平偏低，有较大的优化空间。

第二节 研究应用

一、物流企业营商环境现状

调查显示，对于 2021 年物流经营形势的总体看法，27.18%的企业持乐观态度，认为将会好于 2020 年，54.37%的企业认为会与 2020 年持平。2021 年物流企业经营形势总体看法如图 6-1 所示。对于 2021 年物流企业业务增长率的预期目标，36.89%的企业预期目标好于 2020 年，46.60%的企业预期与 2020 年基本持平。2021 年物流企业业务增长率预期目标如图 6-2 所示。

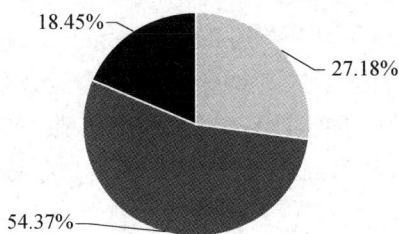

图 6-1 2021 年物流企业经营形势总体看法

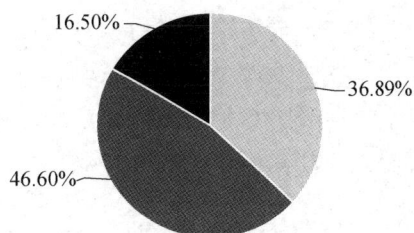

图 6-2 2021 年物流企业业务增长率预期目标

物流企业营商环境主要包含法律环境、政务环境、市场环境、信用环境、用地环境、税务环境、用工环境、融资环境、通关环境等。对物流企业营商环境的整体评价，57.28%的企业表示 2021 年物流企业营商环境较 2020 年有所改善，8.74%的企业认为 2021 年物流企业营商环境出现大幅改善，10.68%的企业认为物流企业营商环境有所恶化。2021 年物流企业营商环境变化情况如图 6-3 所示。

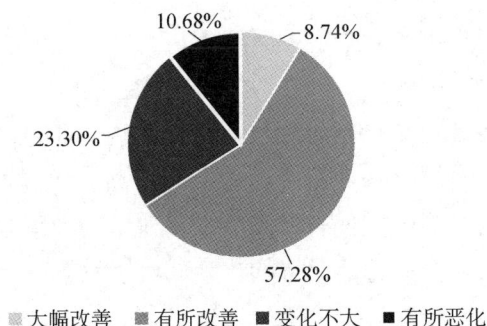

图 6-3 2021 年物流企业营商环境变化情况

二、物流企业营商环境存在问题分析

物流企业营商环境存在较多短板，主要包括以下几个方面。

（一）政务环境有待进一步改善

部分企业反映，运输环节行政费用过高。过路费、过桥费负担较重，占运费的三分之一，加之存在乱罚款现象，加大了企业的物流成本。政务信息不够开放。调查显示，目前急需的政务信息为车辆违章信息，其次为企业信用信息、车辆上牌信息、公路运政信息等。此外，物流企业希望工商登记、从业人员、铁路状态、船舶状态、航空状态等政务信息逐步公开，为其提供政务信息化便利。

（二）车辆通行难

公路执法有待进一步规范。调查显示，公路执法中存在的主要问题，排名前三位的依次为联合执法没有得到实施、超限超载车辆处罚后未卸载就放行、对同一违法行为重复罚款。被调查企业反映，公路治超联合执法面临体制、机制等问题制约和制度、标准等现实障碍，有待进一步改善。城市道路通行限制依然较多。调查显示，企业反映市区限行区域过大、通行证发放不合理等影响企业正常城市配送业务。此外，限行线路设置不合理、限行时间过长、市区缺乏停靠装卸区域、没有充分利用夜间配送时段等也制约货车通行，增加了城市物流配送成本。

（三）用地成本高

企业反映物流用地难问题依旧，核心城市物流用地供给逐年缩减，且土地控规多数没有充分考虑物流用地供应。用地审批环节多、时间长，没有单独的物流用地分类。物流用地价格偏高，税费偏高，各地对于物流用地投资强度、税收贡献等要求过高，仓储设施容积率要求偏高，单靠物流经营难以达到标准。城市内原有老旧仓储设施拆迁后置换难，物流企业改造升级老旧仓储设施的，划拨用地仍然需要收取土地出让金。工业企业存量旧厂房、仓库和存量土地资源利用不充分，无法转为物流设施用地。新批用地往往处于远郊地区，布局较为分散，多种运输方式衔接不畅。部分地区将物流仓储用地划分为民用建筑，需要建设人防工程。部分地区出现物流用地闲置和违规转性的问题。

（四）企业税负依然较高

营改增全面实施后，调查显示，仍有超过一半以上的企业反映税负持平或有所上升。由于物流行业增值税可抵扣项目少，造成税收成本大幅提高。被调查企业反映，个体司机运费发票取得难、交通运输业税率偏高、通行费发票取得难是税负增加的三个原因。增值税电子专用发票还没有大规模使用，企业普遍期待物流领域增值税电子专用发票全面推广。

（五）用工成本较高

当前物流业总体还处于劳动密集型阶段，企业用工成本较高。浙江森马集团反映，物流部门招工难，人员流动性大，缺口严重，每年离职率达 30%，造成培训等隐形成本不断增加。物流企业员工流失情况较为普遍。调查显示，员工流失主要原因集中在工资待遇和生活成本上；此外，职业晋升前景、社会地位、工作强度等也是员工流失的主要原因。企业人才培养有待加强。被调查企业大部分表示将增加人才培养。其中，企业反映在企业内部管理实训和员工在职资格培训两方面需重点加强对人才培养的支持。

（六）企业融资难

调查显示，银行贷款是企业当前融资的主要渠道。同时，企业会借助于民间借贷、财政补贴、企业债券、基金和风险投资等。不少物流企业反映银行贷款利率普遍上浮超过 30%，最高上浮 50%～60%。中小型物流企业可抵押固定资产少，难以取得银行贷款。调查显示，企业融资存在的问题主要是可抵押物少，贷款额度低、利率上浮、融资渠道少。由于物流行业属于服务业，缺乏可抵押的资产，大量运费、仓储费等动产无法进行抵押，这也是导致企业融资难的重要原因。

综合评价物流行业营商环境，近年来阻碍我国物流企业发展的主要因素为劳动力成本较高、税负较高、车辆通行难、用地成本高、企业融资难等。其中反映劳动力成本高的企业为60.19%，占比第一，劳动成本仍是企业最为关注的因素。其次为税负较高、车辆通行难、用地成本高和企业融资难，占比分别为54.37%、52.43%、46.60%和34.95%。同时，市场恶性竞争、劳动力短缺、专业性人才缺乏等也是阻碍企业发展的重要因素。此外，行业未来发展还受到行业标准规范缺乏、行政审批和许可等多种因素影响。阻碍物流企业发展的主要因素如图 6-4 所示。

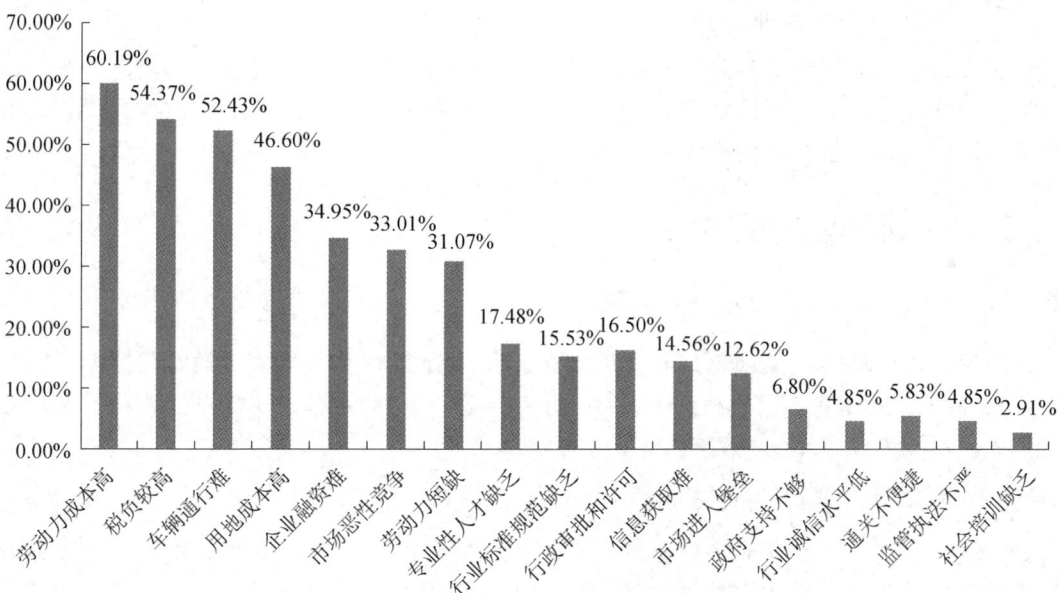

图 6-4 阻碍物流企业发展的主要因素

第三节 优化策略

为营造市场化、法治化、国际化物流企业营商环境，根据调查研究反映的主要问题，提出物流企业营商环境优化策略。

一、政务环境方面

（一）加快物流行业"放管服"改革

发改、交通等物流职能部门应继续加大"放管服"改革，加大物流领域简政、减税、降费政策力度。降低制度性、交易性成本，推动实现货车年检、年审合并，取消对营运货车二级维护的要求，切实降低物流企业成本，激发市场活力和动能。

（二）为办理货物运输经营资质提供服务

便利车辆自有、自主经营的个体司机注册为个体工商户和个体运输业户，合理合法取得货物运输经营资质。取消个体工商户对固定经营性场所的要求，取消对申请个体运输业户和要求个体司机挂靠运输企业的限制政策，明确个体司机可以申请道路运输经营许可证和车辆营运证。

（三）进一步推动政府物流信息开放

推进公路、铁路、航空、水运、邮政及公安、工商、海关、质检等领域相关物流数据开放共享，积极对接国家综合物流信息平台，推动物流信息互联互通，为企业开展物流活动提供信息化、数字化支撑。

（四）规范物流货运市场

全面实施货运实名制，实现对货物运输环节的全程监管。合理规划和优化运营线路，严格整治安全制度不落实和无证经营行为，加大联合执法力度，打击超限、超载和"三无"车辆，进一步规范物流货运市场秩序。

二、市场环境方面

（一）规范公路治超联合执法机制

按照城市统一部署，交通部门牵头制定公路货运处罚事项清单，明确处罚标准并向社会公布。允许规范加装尾板的车辆上路通行，不纳入非法改装范围。鼓励甩挂运输发展，对购置挂车取消或减半征收车辆购置税。

（二）优化货运车辆通行管控

完善城市配送示范企业服务质量考核及进出机制，对使用统一标识的城市配送车辆取消上牌费用。借鉴苏州、成都等地绿色货运配送先进经验与做法，各城市公安交警部门和交通运输部门对开展共同（集中）配送的企业，自有大型配送中心的运输企业，从事生活必需品、药品、生鲜农产品及冷藏保鲜产品城市配送的企业，以及使用节能与新能源车辆从事配送的企业等，优先给予通行便利。

（三）加快推进多式联运

培育多式联运经营人，提高航空货运、水路运输在货运总量的比重，降低交通运输成本。以港口、航空、铁路为核心，加快构建铁水联运、公铁联运、陆空联运等多式联运体系，实现骨干物流网络节点间无缝对接，形成一单到底、高效运转的多式联运交通物流体系。

三、用地环境方面

（一）编制国家级物流枢纽布局和建设规划

充分利用存量资源，适当投入新建增量，布局和完善一批具有多式联运功能、支撑保障区域和产业经济发展的综合物流枢纽，并在规划和用地上给予重点保障。改造提升一批仓储、分拣、流通加工、配送、信息服务等功能齐备的物流园区，促进物流产业适度集聚。

（二）降低物流用地审批门槛

简化审批手续，加强周边基础设施配套保障。支持利用工业企业旧厂房、仓库和存量土地资源建设物流设施或提供物流服务。开展物流用地"以租代售"试点，降低企业一次性投入成本。

（三）强化用地保障

重点对交通物流、电子商务物流、商贸物流、农产品冷链物流、城乡配送物流等不同类别制定物流项目用地标准，增加物流项目用地指标安排，规范用地供应和监管。将物流园区用地纳入城市总体规划，大力推进城镇低效用地连片开发，为物流行业发展提供用地支撑。

四、税务环境方面

（一）便利个体司机取得货物运输业小规模纳税人资质

充分利用信息化技术手段，按照"互联网+税务"要求，简化开票流程、推广电子发票，为个体司机异地代开票、互联网平台代开票提供便利。

（二）推动税收红利落地

为确保营改增后物流企业税负不增加，部分省市出台了相应的措施。例如，山东省对税改后月均税负增加 1 万元以上的物流企业给予全额财政补贴；江西省明确将房屋租赁费、过路过桥费、保险费等纳入增值税抵扣范围。建议各城市出台物流业财政补贴办法，理顺增值税抵扣链条，扩大简易计税范围，允许难以进行增值部分核算的企业选择简易计税方法。

五、用工环境方面

（一）降低用工成本

大力推进"机器换人"和物流设备自动化提升项目，提升物流装备设施智能化、自动化、专业化水平，鼓励企业购置先进物流设备，对符合条件的企业给予财政补贴。

（二）引导物流企业依法与员工签订劳动合同并参加社保

保证员工投保失业保险和优先参加工伤保险，完善失业保险和工伤保险参保缴费政策。

（三）落实货车司机定时休息制度，降低工作风险

在公路服务区和大型物流园区开展"司机之家"试点，为货运司机提供休息、饮食和生活便

利。支持物流行业协会等组织设立行业公益基金，为遇到重大困难的货车司机提供经济援助。

（四）加强物流职业教育和培训

加快现代物流人才的引进与培养，依托设立物流管理专业的高等院校面向物流企业、生产企业、流通企业等相关企业，定期开展专项培训，提高物流管理从业人员的整体素质。组织国内外权威的物流领域相关的讲座、研讨会，定期举办物流峰会、物流文化节及物流技能大赛，搭建物流行业人士相互交流学习的平台。

六、融资环境方面

（一）拓宽企业融资渠道

支持符合条件的国有企业、金融机构、大型物流企业集团等设立现代物流产业发展投资基金，按照市场化原则运作，支持重要节点物流基础设施建设。

（二）支持物流金融创新

鼓励建立物流金融服务平台，为供应链上下游企业提供高效便捷的融资渠道。鼓励银行等金融机构开发适应物流行业特点的产品，规范应收账款融资及其他动产融资标准，降低物流金融风险。

（三）鼓励中小物流企业加快数字化转型

创新物流金融环境，提高资金周转效率，降低全社会融资成本。引导银行等金融机构对物流企业开展直接信贷业务，降低融资成本。

七、物流安全方面

关注物流安全建设，坚决治理社会危害大、行业影响广的物流安全问题，降低安全损失成本。明确车货外廓尺寸超限行为的治超执法标准，分阶段、有步骤开展车货外廓尺寸超限行为治理工作，进一步明确社会预期，留出过渡期，合理引导货车尺寸恢复标准。深化货运车辆非法改装治理，在对货车生产、改装、维修企业和安全技术检验机构进行全面检查的基础上，对于已经进入市场的非法改装车辆加大路面执法力度，要求非法改装的厂家限期整改，将车辆召回或要求车主恢复原状。开展道路货物运输源头超限超载治理，建立道路货物运输源头超限超载治理工作联络协调机制和行政执法联动工作制度。尽快明确"大吨小标"治理政策，放宽对进城通行车辆的标准要求，督促各地明确并落实快递电动三轮车的治理政策。

八、行业诚信方面

加强社会诚信建设，建立物流失信惩戒、守信激励机制，降低社会信用成本。加强行业诚信体系建设，明确黑名单通报制度，建立企业诚信信息联网共享和信息披露机制，加强行业自律和规范发展。联合公安、交通、环保、工商、税务、司法、银行、保险等机构，对不诚信企业联合惩治，使失信企业寸步难行，同时对信用良好企业提供更多的优惠激励。加强物流行业协会与金融机构的联系，整合利用现有行业大数据资源（车辆、保险、交易等），建立行业信用评价体系，与银行信用体系相融合，形成具有物流行业特点的创新融资模式。

参考文献

［1］李颖，张玲.国外优化营商环境政府在线服务的启示[J].中国行政管理，2020（8）：140-145.

［2］Prajogo D I. The strategic fit between innovation strategies and business environment in delivering business performance［J］. International Journal of Production Economics，2016，171（Pt2）：241-249.

［3］Li D，Ferreira M P. Institutional environment and firms' sources of financial capital in Central and Eastern Europe［J］. Journal of Business Research，2011，64（4）：371-376.

［4］Gani A，Clemse M D. Modeling the effect of the domestic business environment on services trade［J］. Economic Modelling，2013，35：297-304.

［5］Driffield N，Jones C，Crotty J. International business research and risky investments，an analysis of FDI in conflict zones［J］. International Business Review，2013，22（1）：140-155.

［6］Hamplova E，Provaznikova K，Assessment of Business Environment competitiveness in the Czech Republic and EU［J］. Social and Behavioral Sciences，2014，109（3）：1225-1229.

［7］徐昱，崔日明. 山东中小企业数量型发展影响因素与营商环境建设——基于山东 17 地市 2006—2013 年的面板数据［J］. 华东经济管理，2015，29（4）：17-20.

［8］孙丽燕. 企业营商环境的研究现状及政策建议［J］. 全球化，2016（8）：106-135.

［9］彭文心. 欠发达地区营商环境对招商引资影响研究［J］. 经营管理者，2015（1）：155-156.

［10］汝国梁，苏春娣. 打造良好营商环境 破解民间投资放缓难题［J］. 天津经济，2017（1）：12-15，37.

［11］董志强，魏下海，汤灿晴. 制度软环境与经济发展——基于 30 个大城市营商环境的经验研究［J］. 管理世界，2012（4）：9-20.

［12］徐越倩，范钧. 生态经济发展的制度基础与实现机制——基于浙江省营商环境的分析［J］，2016（2）：103-134.

［13］朱芮. 营商环境对跨国公司在华投资意愿的影响研究［D］. 上海：东华大学，2016.

［14］World Bank Group．Doing Business 2020［R］. The World Bank，2019.

［15］中华人民共和国国务院令第 722 号［EB/OL］.（2019-10-23）［2020-02-10］. http://www.gov.cn/zhengce/content/2019-10/23/content_5443963.htm.

［16］陈翰咏. 李克强：在这一轮"全球竞争"大背景下我们要有紧迫感［J］. 中国应急管理，2017（4）：22-23.

［17］金丹. 越南竞争力分析：进步与挑战（2015—2016）［J］. 学术探索，2017（6）：51-57.

[18] 董彪，李仁玉. 我国法治化国际化营商环境建设研究——基于《营商环境报告》的分析 [J]. 商业经济研究，2016（13）：141-143.

[19] 彭向刚，马冉. 政务营商环境优化及其评价指标体系构建 [J]. 学术研究，2018（11）：55-61.

[20] 张国勇，娄成武，李兴超. 论东北老工业基地全面振兴中的软环境建设与优化策略 [J]. 当代经济管理，2016（11）：64-70.

[21] 宋林霖，何成祥. 优化营商环境视阈下放管服改革的逻辑与推进路径——基于世界银行营商环境指标体系的分析 [J]. 中国行政管理，2018（4）：67-72.

[22] 温珂竹，刘金陈，李艳玲. "中国城市营商环境报告 2018"：谁是企业入驻首选城市？[J]. 经营管理者，2019（1）：22-25.

[23] 世界银行发布《2018 年营商环境报告》[EB/OL]. （2017-11-07）[2020-02-10]. http://www.sohu.com/a/202947476_99927282.

[24] 李克强在全国深化简政放权放管结合优化服务改革电视电话会议上的讲话 [EB/OL]. （2017-06-30）[2020-02-10]. http://cpc.people.com.cn/n1/2017/0630/c64094-29373107.html.

[25] 粤港澳大湾区研究院发布 2017 年中国城市营商环境报告 [EB/OL]. （2017-11-10）[2020-02-10]. http://www.ocn.com.cn/ hongguan/201711/imrso10115114.shtml.

[26] 李安渝，王婷. 2019 年世界银行营商环境报告解读及启示 [J]. 中国市场监管研究，2018（12）：65-68，79.

[27] 黄吉乔，丘书俊，张颖. 推进深圳法治化、国际化营商环境建设的国际比较分析及启示 [J]. 市场经济与价格，2014（2）：42-47.

[28] 许可，王瑛. 后危机时代对中国营商环境的再认识——基于世界银行对中国 2700 家私营企业调研数据的实证分析 [J]. 改革与战略，2014，30（7）：118-124.

[29] 中共中央办公厅 国务院办公厅印发《关于深入推进审批服务便民化的指导意见》[EB/OL]. （2018-05-23）[2020-02-10]. http://www.gov.cn/zhengce/2018-05-23/content_5293101.htm.

[30] 武汉全面推进"马上办、网上办、一次办"[EB/OL]. （2017-05-11）[2020-02-10]. http://hb.people.com.cn/n2/2017/0511/c194063-30164516.html.

[31] 浙江省"最多跑一次"经验做法 [EB/OL]. （2018-05-23）[2020-02-10]. http://www.xinhuanet.com/2018-05/23/c_1122877857_2.htm.

[32] "键盘一按，事情办完"——江苏打造政务服务"一张网"[EB/OL]. （2018-05-15）[2020-02-10]. http://www.gov.cn/xinwen/ 2018-05/15/content_5291073.htm.

[33] 打造自贸 2.0 重点开放服务业，浙江十大举措谋局新开放 [EB/OL]. （2018-05-15）[2020-02-10]. http://district.ce. cn/newarea/roll/201805/15/t20180515_29139730.shtml.

[34] 深圳市关于加大营商环境改革力度的若干措施 [EB/OL]. （2018-03-01）[2020-02-10]. http://www.sz.gov.cn/szsfzyjzx/tzgg/ 201803/t20180301_10805036.htm.

[35] 浙江省人民政府关于促进外资增长的若干意见 [EB/OL]. （2018-05-16）[2020-02-10]. http://www.zj.gov.cn/art/2018/5/16/ art_37173_297150.html.

[36] 粤港澳大湾区研究院. 2017 年中国城市营商环境报告 [R]. 广州：粤港澳大湾区研究院，2017.

［37］张莉云，冯志明，单钧，等. 南通市营商环境调查分析与思考［J］. 统计科学与实践，2017（1）：35-38.

［38］杨志安，李国龙. 沈阳市打造国际化营商环境探析［J］. 沈阳干部学刊，2017，19（4）：5-9.

［39］李一聪，张德友. 香港特区政府优化营商环境的做法及启示［J］. 中共青岛市委党校青岛行政学院学报，2013（2）：50-54.

［40］张杰，宋志刚. 当前中国制造业营商环境的突出问题、形成机制与解决思路［J］. 人文杂志，2018（2）：35-42.

［41］谢岷，储祥银. 关于我国外商投资环境的分析［J］. 国际贸易问题，1988（2）：34-37.

［42］World Economic Forum. The Global Competitiveness Report 2018［R/OL］.（2018-10-17）［2020-02-10］. https://www.weforum.org/reports/the-global-competitveness-report-2018.

［43］熊一舟. 全球经济动态：提升经济体综合竞争力［N］. 社会科学报，2018-11-08（001）.

［44］李万超，薛舒婷. 政府职能视角下我国营商环境优化路径研究——基于世界排名领先国家对比分析［J］. 金融发展评论，2022（7）：1-16.

［45］娄成武，张国勇. 基于市场主体主观感知的营商环境评估框架构建——兼评世界银行营商环境评估模式［J］. 当代经济管理，2018（6）：60-68.

［46］刘迎霜. 建立符合国情的营商环境评价体系［N］. 上海法治报，2018-08-01（B06）.

［47］盛从锋，徐伟宣，许保光. 中国省域投资环境竞争力评价研究［J］. 中国管理科学，2003（3）：77-83.

［48］杨涛. 营商环境评价指标体系构建研究——基于鲁苏浙粤四省的比较分析［J］. 商业经济研究，2015（13）：28-31.

［49］岳致. 评价指标体系是改善营商环境的"指南针"［N］. 21世纪经济报道，2018-12-04（004）.

［50］高嘉遥. 营商环境对我国各省利用外资的影响研究［D］. 沈阳：辽宁大学，2021.

［51］World Bank Group. Doing Business 2020［R］. The World Bank，2019.

［52］李志军. 中国城市营商环境评价［M］. 北京：中国发展出版社，2019.

［53］樊纲，王小鲁，张立文. 中国各地区市场化进程2000年报告［J］. 国家行政学院学报，2001（3）：17-27.

［54］王小鲁，樊纲，余静文. 中国分省份市场化指数报告（2018）［M］. 北京：社会科学文献出版社，2018.

［55］聂辉华，韩冬临，马亮，等. 中国城市政商关系排行榜（2018）［R］. 北京：中国人民大学国家发展与战略研究院政企关系与产业发展研究中心，2019.

［56］裴广成. 京津冀先进制造业营商环境的构成与优化——基于产业发展与区域协同视角［J］. 经营与管理，2017（6）：73-76.

［57］王红. 基于市场主观感知的旅游营商环境测评初探——以海南旅游营商环境测评为例［J］. 中国旅游评论，2019（2）：182-196.

［58］黎常. 社会文化特征对区域创业活动影响差异研究［J］. 北京：科学学研究，2014，（12）：1888-1896.

［59］张博. 推动我国物流产业高质量发展的问题与路径探讨［J］. 商业经济研究，2020

（10）：103-105.

[60] 王莹. 新发展格局下物流营商环境优化与商贸零售业协同发展——基于我国四大都市圈的比较分析 [J]. 商业经济研究, 2021（19）：25-28.

[61] 杨晓光. 我国港口营商环境进展及展望 [J]. 中国港口, 2021（5）：1-6.

[62] 裴茜, 胡延华. 深圳物流企业对政府企业服务使用情况调研与分析 [J]. 物流技术, 2020, 39（9）：34-39, 48.

[63] 易伟, 黄远新, 马莉, 等. 基于长江沿岸 24 城市的城市物流绩效评价 [J]. 商业经济, 2020（9）：52-55, 58.

[64] 肖焕彬, 初良勇, 王敏, 等. 厦门口岸营商环境优化策略 [J]. 中国港口, 2019（12）：15-18.

[65] 柴晓军. 为物流企业发展创造良好的营商环境 [J]. 中国物流与采购, 2018（14）：11.

[66] 刘小明. 为物流企业发展创造良好的营商环境 [J]. 中国物流与采购, 2017（24）：17.

[67] 邵迈, 许磊. 探索物流监管模式　促进行业诚信发展 [J]. 交通企业管理, 2014, 29（1）：58-59.

[68] 张智博. 我国第三方物流法律法规存在的问题与对策 [J]. 对外经贸, 2012（4）：104-105.

[69] 李松庆. 如何构建我国的物流法律法规体系 [J]. 物流技术, 2004（8）：7-8.

[70] 薛亮. 第三方物流监管法律问题研究 [D]. 太原：山西财经大学, 2015.

[71] 闵旭东, 黄有方, 刘乃增. 多维视角下政府营商环境对物流集群发展的影响效应 [J]. 统计与信息论坛, 2019, 34（10）：108-114.

[72] 张季平, 骆温平, 刘永亮. 营商环境对制造业与物流业联动发展影响研究 [J]. 管理学刊, 2017, 30（5）：25-33.

[73] 马晓倩. 我国物流业发展现状及实证分析 [J]. 物流科技, 2017, 40（7）：31-34.

[74] 黄羽翼, 胡焙. 城市物流营商环境评价理论研究 [J]. 商业经济研究, 2019（13）：91-93.

[75] 习近平：营造稳定公平透明的营商环境　加快建设开放型经济新体制 [EB/OL].（2017-07-17）[2020-02-10]. http://cpc.people.com.cn/n1/2017/0717/c64094-29410601.html?ivk_sa= 1024320u.

[76] Feldstein M. Taxes on investment income remain too high and lead to multiple distortions [J]. The Economists' Voice, 2006, 3（6）：5.

[77] 韩风芹. 促进高技术产业发展的税收政策 [N]. 经济参考报, 2004-9-22（A8）.

[78] Mani S. Government, innovation and technology policy: an international comparative analysis [J]. Int. J. Technology and Globalization, 2004, 1：29-44.

[79] 王银枝. 税收政策与产业结构优化问题探讨 [J]. 河南金融管理干部学院学报, 2006（2）：103-106.

[80] 刘蓉. 税收优惠政策的经济效应与优化思路 [J]. 税务研究, 2005（11）：11-15.

[81] 陈明非, 刘艳秋, 宋洋, 等. 基于文献分析的多式联运组合优化前沿问题研究 [J]. 现代商业, 2021（3）：12-14.

［82］秦天雷. 我国绿色物流的发展趋势——基于文献分析视角［J］. 江苏经贸职业技术学院学报，2016（6）：18-20.

［83］徐志明. 社会科学方法论［M］. 北京：当代中国出版社，1995：323.

［84］屈茂辉，匡凯. 社会指标运动中法治评价的演进［J］. 环球法律评论，2013（3）：30-43.

［85］蒋逸民. 混合方法研究：方法论研究的新取向［N］. 中国社会科学报，2010-08-05（A05）.

［86］笪可宁，彭一峰，郭宝荣. 基于熵权法的城市营商环境问题研究——以沈阳市为例［J］. 沈阳建筑大学学报（社会科学版），2018，20（3）：250-255.

［87］盛明科，刘贵忠. 政府服务的公众满意度测评模型与方法研究［J］. 湖南社会科学，2006（6）：36-40.

［88］杨雪，刘武. 中国高等教育顾客满意度指数模型及其应用［J］. 辽宁教育研究，2006（10）：7-10.

［89］朱国玮. 公众满意度测评理论与实证研究［J］. 兰州大学学报（社会科学版），2007（3）：87-95.

［90］吴建南，黄加伟，张萌. 构建公共部门公众满意度测评模型的实证分析［J］. 甘肃行政学院学报，2006（3）：27-31，65.

［91］徐增阳，崔学昭，姬生翔. 基于结构方程的农民工公共服务满意度测评——以武汉市农民工调查为例［J］. 经济社会体制比较，2017（5）：62-74.

［92］范柏乃，金洁. 公共服务供给对公共服务感知绩效的影响机理——政府形象的中介作用与公众参与的调节效应［J］. 管理世界，2016（10）：50-61，187-188.

［93］郑建君，赵东东. 公共服务满意度的影响机制及作用条件——基于江苏、贵州两省的实证分析［J］. 山西大学学报（哲学社会科学版），2019，42（1）：72-80.

［94］纪江明，张乐天. 农村老年人社区养老满意度及影响因素研究——基于多分类因变量 Logistic 模型的实证分析［J］. 浙江社会科学，2021（4）：68-80，157-158.

［95］李成圆. 公众对公共服务满意度及其影响因素研究［D］. 济南：山东财经大学，2019.

［96］王宁，胡大伟，徐杰，等. 基于客户价值和满意度的城市冷链物流时变路径问题［J］. 中国公路学报，2021，34（9）：297-308.

［97］邓友均，穆云飞，贾宏杰，等. 计价及用户需求的电动汽车物流配送方式规划［J］. 运筹与管理，2021，30（7）：136-145.

［98］汪勇，邱伟. 考虑顾客满意度的社区团购配送路径优化［J］. 物流工程与管理，2021，43（6）：38-41.

［99］Ryzin G G. The measurement of overall citizen satisfaction［J］. Public Performance & Management Review，2004，27（3）：9-28.

［100］贾奇凡，尹泽轩，周洁. 行为公共管理学视角下公众的政府满意度：概念、测量及影响因素［J］. 公共行政评论，2018（1）：62-82，220.

附录 A 调查问卷

我国物流企业营商环境调查问卷

尊敬的各位企业经理：您好！

物流是国民经济的基础性、战略性产业，也是实现我国同"一带一路"沿线国家设施联通、贸易畅通、资金融通的重要纽带。物流企业营商环境的提高有利于激发物流市场主体的活力，推进物流行业的降本增效。温州现代物流学院开展我国物流企业营商环境的调查分析。感谢您能抽空填写这份问卷，万分感谢！

第一部分：基本情况

1. 企业性质（   ）
   A. 国有及国有控股企业   B. 民营企业   C. 集体企业
   D. 外资及中外合资企业   E. 其他

2. 物流企业综合评估等级（   ）
   A. 5A   B. 4A   C. 3A
   D. 2A   E. A   F. 其他

3. 企业主要业务（   ）
   A. 公路货运   B. 水路货运   C. 航空货运
   D. 铁路货运   E. 综合物流   F. 仓储管理
   G. 配送   H. 供应链管理   I. 多式联运
   J. 物流园区   K. 快递   L. 货运代理

4. 2018 年主营业务收入（   ）
   A. 1000 万元以下   B. 1000 万元至 5000 万元   C. 5000 万元至 1 亿元
   D. 1 亿元至 5 亿元   E. 5 亿元以上

5. 企业总部目前位于浙江省_____（请选择）或国内哪个省市自治区_____。（请填空）
   A. 杭州市   B. 宁波市   C. 温州市
   D. 绍兴市   E. 台州市   F. 嘉兴市
   G. 金华市   H. 衢州市   I. 舟山市
   J. 湖州市   K. 丽水市

第二部分：我国物流企业营商环境关键影响因子分析

本部分调查，主要针对我国物流企业营商环境关键影响因子分析，请依据您的经验及了解的情况对表中的内容进行勾选（√）。问卷内容采用 5 级打分制：在重要性方面，1 分表示"非常不重要"，2 分表示"不重要"，3 分表示"中立"，4 分表示"重要"，5 分表示"非常重要"。在满意度方面，1 分表示"非常不满意"，2 分表示"不满意"，3 分表示"中立"，4 分表示"满意"，5 分表示"非常满意"。

我国物流企业营商环境影响因子分析		因子重要性 □□□□□ 1 2 3 4 5	因子满意度 □□□□□ 1 2 3 4 5
一、法律环境	1. 物流业市场执法行为规范	□□□□□	□□□□□
	2. 物流业市场监管执法信息公开	□□□□□	□□□□□
	3. 物流执法部门设置合理	□□□□□	□□□□□
	4. 物流企业违法行为的有效监管	□□□□□	□□□□□
	5. 垄断与不正当竞争行为的惩治	□□□□□	□□□□□
	6. 市场行为风险的预警与防控	□□□□□	□□□□□
二、政务环境	7. 物流领域行政审批事项简洁	□□□□□	□□□□□
	8. 行政事项办理手续便利程度	□□□□□	□□□□□
	9. 物流企业所处政务信息公开程度	□□□□□	□□□□□
	10. 地方政府对物流业发展支持程度	□□□□□	□□□□□
	11. 物流业基础设施建设	□□□□□	□□□□□
三、市场环境	12. 市场准入：物流企业市场准入标准	□□□□□	□□□□□
	13. 市场竞争：物流业市场竞争自由程度	□□□□□	□□□□□
四、信用环境	14. 物流业市场主体信用平台建设	□□□□□	□□□□□
	15. 行业协会自律作用发挥	□□□□□	□□□□□
	16. 公众参与和舆论监督作用	□□□□□	□□□□□
	17. 物流业守信激励、失信惩戒机制建立	□□□□□	□□□□□
五、用地环境	18. 物流用地容易获得程度	□□□□□	□□□□□
	19. 获得物流用地所需费用合理程度	□□□□□	□□□□□
六、税务环境	20. 物流领域税务征管环境完善	□□□□□	□□□□□
	21. 物流企业税收减负程度	□□□□□	□□□□□
	22. 营改增企业减负程度	□□□□□	□□□□□
	23. 土地使用税减负程度	□□□□□	□□□□□
七、用工环境	24. 员工留用率	□□□□□	□□□□□
	25. 社会培训情况	□□□□□	□□□□□
	26. 企业人才培养投入情况	□□□□□	□□□□□
	27. 高校物流人才培养供给情况	□□□□□	□□□□□
八、融资环境	28. 物流企业可抵押物选择程度	□□□□□	□□□□□
	29. 物流企业贷款额度	□□□□□	□□□□□
	30. 物流企业融资渠道	□□□□□	□□□□□
九、通关环境	31. 海关通关环境	□□□□□	□□□□□
	32. 出入境商检环境	□□□□□	□□□□□

答题结束，谢谢合作！

联系人：温州现代物流学院　陈碎雷（13505776231）E-mail：379550687@qq.com

附录 B　访谈提纲

基于"物流企业营商环境影响因素"这一研究主题，访谈提纲内容如下：

1. 在对物流企业营商环境的认知方面，您觉得物流企业营商环境是什么？或者说，它应该包括什么？能否谈谈您对物流企业营商环境的理解？

2. 在物流企业营商环境影响因素重要度方面，您觉得法律环境、政务环境、市场环境、信用环境、用地环境、税务环境、用工环境、融资环境、通关环境哪个一级指标更为重要？一级指标对应的 28 个二级指标哪个更为重要？

3. 在物流企业营商环境影响因素满意度方面，您对您企业所在地的物流企业营商环境满意吗？如果满意，您对具体哪个方面或者哪些方面感到满意？如果不满意，您对具体哪个方面或者哪些方面感到不满意？能否列举一些营商环境方面最让您满意的事或者最让您不满意的事？

4. 您觉得您企业所在地的物流企业营商环境的现状如何？物流企业营商环境存在哪些问题？对于物流企业营商环境，您有哪些好的发展建议？

附录 C　典型案例

案例 1　温州市创建全国绿色货运配送示范城市实施方案

为加快推动城市货运配送绿色高效发展，切实缓解城市交通拥堵，有效促进实体经济降本增效，更好地服务社会经济发展和广大人民群众生活需要，根据《交通运输部办公厅　公安部办公厅　商务部办公厅关于公布第二批城市绿色货运配送示范工程创建城市的通知》（交办运函〔2019〕1803 号）的要求，结合温州实际，制定本方案。

一、指导思想

坚持以习近平新时代中国特色社会主义思想为指导，紧紧围绕温州经济社会发展和人民群众对城市配送的新要求和新期盼，对标"重要窗口"建设，聚焦绿色货运配送示范城市创建，加快构建"集约、高效、绿色、智能"的城市货运配送体系，进一步降低物流成本、提升物流效率，助推经济高质量发展。

二、工作目标

到 2021 年 12 月，建成以干支衔接型物流枢纽、公共配送中心、末端配送站为支撑的城市货运配送三级网络体系；出台城市配送车辆便利通行、停靠、装卸政策措施，建设功能健全、资源集约、协同共享的城市货运配送公共信息服务平台，成功创建绿色货运配送示范城市（具体目标详见附件 1）。

三、主要任务

（一）建立完善城市配送网络体系

1. 构建城市货运配送三级主干网络

充分利用市区物流园区站场资源，以一级干支衔接型货运枢纽、二级公共配送中心和三级末端配送网点为支撑，建设城市绿色货运配送网络，实现城际干线运输和城市末端配送有机衔接。依托城市中心商贸区、居住区、工业区、大型公共活动场地等区域规划建设末端分拨中心、公共配送中心及各类货运装卸点、公共配送站，推动形成有机衔接、层次分明、功能清晰、协同配套的城市绿色货运配送网络，实现城际干线运输和末端配送的有机衔接。

2. 着力打通末端配送"最后一百米"

市区各街道社区无偿提供居民小区附近的公共用地，建设生活物资配送供应网点；推动新建小区统一建设末端配送网点，力争建成社区"最后一百米"配送站（点）120个以上。以市场化运营方式引进社区配送专业服务企业，推广"无接触配送""无人配送"新业态，提高配送效率和设备设施周转利用率，打通末端配送"最后一百米"。

（二）优化完善货运配送车辆便利通行政策

1. 完善城市货运车辆通行管控措施

建立"交通运输部门负责运力调控，商务部门负责配送需求引导，公安交通管理部门负责通行管理"的城市货运配送车辆通行管控协同工作机制。优化城市配送车辆通行区域，完善城市配送车辆通行证发放制度，实施城市货运配送车辆分时、错时、分区域通行措施。在实施配送车辆通行管理中，对使用新能源和清洁能源车辆配送、开展共同（集中）配送等符合绿色城市配送导向的企业，可优先考虑给予通行便利。

2. 完善城市配送车辆停靠与装卸管理。

利用现有的公交站点、出租车停车泊位等停车资源，合理规划设置城市货运配送车辆专用装卸货场地和临时停车泊位。充分利用城市智慧停车系统，采取分时、错时、分类的停车管理政策，规定泊位的免费停放时间，设置警示标志，给予配送车辆停靠与装卸货物便利。

（三）推广使用新能源货运配送车辆

1. 推广使用新能源货运配送车辆

引导城市货运配送企业优先选用新能源货运配送车辆，推动城市配送车辆的标准化、专业化发展，支持社会资本参与新能源货车运营，支持融资租赁等创新运营模式。

2. 推进新能源充电设施建设

根据新能源货车的充电需求，引导充电桩（站）向货运配送三级网络节点及商贸区、物流集聚区、大型公共活动场所等区域布局，在土地供应、供电等方面支持企业建设充电桩，鼓励投资建设或运营企业为新能源货运配送车辆充电提供便利和优惠。

（四）创新发展城市货运配送组织模式

1. 发展先进配送组织模式

推行"统仓统配""多仓共配""共同配送""无接触配送"等先进物流配送组织模式。鼓励大型连锁零售企业通过集中采购提高配送率，利用其物流系统为所属门店和社会企业统一配送。鼓励第三方物流企业建立多用户共同配送中心，开展标准化集中统一仓储配送服务，积极发展便利配送、便民收发的末端自助配送模式。

2. 加快冷链物流发展

鼓励现代冷链物流龙头企业加强冷链物流基础设施建设，着力构建现代冷链物流体系。鼓励骨干企业整合资源、拓展业务，依托果蔬、肉类产品、水产品等产地和源头市场资源优势，推广"生鲜生产基地+冷链物流""连锁直销+冷链配送""生鲜电商+冷链宅配""中央厨房+食材冷链配送"等新型冷链物流运作模式，推广高效安全节能制冷技术和装备的应用。

（五）加大城市货运配送市场主体培育

1. 培育创新型城市货运配送示范企业

围绕生鲜食品、农副产品、快消品、医疗用品等领域，鼓励配送企业规模化、网络化和品牌化发展，加大扶持力度，内培外引相结合，培育一批运作高效、服务规范、绿色节能、有示范带动作用的创新型城市货运配送企业。

2. 组建城市绿色货运配送示范企业联盟

将激发市场主体活力作为示范创建重要内容，发挥国有企业示范引领作用，积极发起组建城市绿色货运配送示范企业联盟，吸收城市货运配送、商品流通、园区站场等各领域优质企业加盟，构建资源高效整合、信息互联共享的共赢格局。

（六）推进城市货运配送信息化建设

1. 建立城市货运配送公共信息服务平台

依托国家物流综合信息服务平台，整合部门政务信息，建设城市货运配送公共信息服务平台，为货主和配送企业提供信息录入与查询、车辆监测、交通引导、信用评价等基本服务，满足相关管理部门对配送企业的日常监管、绩效考核及企业对政务信息服务的需求，提升货运配送整体运行效率、监测能力和管理水平。

2. 集成接入城市货运配送示范企业信息

支持城市货运配送示范企业依托移动互联网技术建立配送信息系统，整合物流供需资源，提高城市货运配送运行效率；向客户提供信息查询、物流追踪、在线交易、保险理赔等基本服务及多元化的增值服务，满足供应链上下游企业"一站式"服务需求。

（七）强化城市货运配送领域市场监管

1. 开展城市绿色货运配送服务考核

研究出台城市配送企业运营服务规范，明确试点示范企业从事城市货运配送服务的基本要求、服务标准等。制定出台城市货运配送企业质量考核管理办法，强化配送各环节的监管和责任界定，建立服务质量信誉考核制度，考核结果与运力投入、退出等政策挂钩，引导城市货运配送企业规范健康发展。

2. 规范城市货运配送市场秩序

运用城市货运配送公共信息服务平台，完善城市配送市场监管手段，联合开展对市场经营不良、运输管理不规范、安全责任落实不到位、专业化水平低的市场主体进行整治，加大对客车非法载货等交通违法行为的检查和处罚力度，规范城市货运配送市场，确保安全稳定。

四、保障措施

（一）加强组织领导

为切实推动城市绿色货运配送发展，成立由市政府主要领导为组长，分管领导为副组长，市交通、发改、商务、公安等有关部门为成员单位的城市绿色货运配送工作领导小组，领导小组下设办公室，由市交通运输局主要负责人兼任办公室主任，市公安局、市商务局等相关部门负责人任办公室副主任，并抽调相关部门人员组成工作专班，强力推进绿色货运配送示范城市创建工作。

（二）落实政策扶持

积极争取国家和省级相关资金支持，加强对城市货运配送公共服务信息平台建设、城市货运配送示范企业帮扶力度，按照有关政策对新能源车辆推广、城市配送公共基础设施建设等予以支持。充分结合国土空间规划和示范创建实际需求，在商业区、居住区、生产区、大型公共活动场地等区域设置专用卸货场地，在道路范围内设置货运配送车辆的临时停车泊位。城市货运配送基础设施建设重点项目优先在已批土地内安排用地，引导社区公共场所向城市货运配送优先使用发展。

（三）加强工作督查

城市绿色货运配送工作领导小组办公室每年制订工作推进计划，明确责任分工和保障措施，加强部门沟通协调，研究解决创建工作中存在的困难和问题，建立常态化督查机制，全面推进示范工程创建工作。

（四）营造宣传氛围

坚持正确的舆论导向，做好创建绿色货运配送示范城市各项政策宣传解读，大力宣传典型经验，营造良好的舆论氛围和社会环境。

附表：1. 温州市创建全国绿色货运配送示范城市实施考核目标
2. 温州市创建全国绿色货运配送示范城市任务分解

附表 1　温州市创建全国绿色货运配送示范城市实施考核目标

序号	考核指标	指标内容	目标（2021 年）
1	体制机制保障	多部门协同工作机制建设情况	建立多部门协同工作机制且有相关证明文件
2		行业主管部门制定城市配送企业运营服务规范	制定出台并在城市配送企业中广泛应用
3		行业主管部门制定城市配送企业质量考核管理办法	健全完善并按时对配送企业进行考核
4	城市配送物流基础设施	干支衔接型货运枢纽	≥2 个
5		分拨中心或公共配送中心	≥3 个
6		末端公共配送站	≥120 个
7	城市配送车辆及配套设施	城市配送车领域新增或更新车辆中新能源货车占比	≥50
8		城市配送新能源纯电动货车及插电式混合动力货车与充电桩的配置比例	≤4：1
9		冷藏保温配送车辆数占城市配送车辆比重	≥0.5
10	便利通行政策	新能源物流配送车辆便利通行政策	制定出台
11		城市货运配送需求调查预测制度	开展城市配送需求量调查，形成调查分析报告
12		配送车辆分时、错时、分类通行和停放措施出台情况	出台调整优化通行政策的措施，且有证明文件
13		设置城市货运配送车辆临时停靠点	≥120 个
14	配送组织模式	中心城区大型超市（卖场）、连锁店等商贸流通企业采用共同（集中、夜间）配送的比例	≥50

续表

序号	考核指标	指标内容	目标（2021年）
15	信息化	货运配送公共信息平台	≥1个
16		企业城市配送信息系统	≥3个
17	市场主体培育	运作高效、服务规范的专业城市货运配送企业（3A级及以上物流企业）	≥4家
18	降本增效	城市配送成本较现阶段降低	≥10
19		城市配送车辆利用率较现阶段提高	≥20
20	节能减排	城市配送车辆单位周转量能耗较现阶段降低	≥3

附表2　温州市创建全国绿色货运配送示范城市任务分解

序号	任务名称	工作任务	牵头单位	参与单位
1	建立完善城市配送网络体系	（1）利用市区物流园区站场资源，以一级干支衔接型货运枢纽、二级公共配送中心和三级末端配送网点为支撑建设城市绿色货运配送网络。依托城市中心商贸区、居住区、工业区、大型公共活动场地等区域规划建设末端分拨中心、公共配送中心及各类货运装卸点、公共配送站	市交通运输局	市发改委 市自然资源和规划局 市住建局　市商务局 浙南产业集聚区管委会 市邮政管理局 市现代集团 市交运集团 鹿城区政府 瓯海区政府 龙湾区政府
		（2）推广"无接触配送"和"无人配送"新业态，着力打通末端配送"最后一百米"。建成社区"最后一百米"配送站（点）120个以上	市商务局	市住建局 市自然资源和规划局 市市场监管局 市供销社 市邮政管理局 市现代集团
2	优化完善货运配送车辆便利通行政策	（1）建立"交通运输主管部门负责运力调控，商务部门负责配送需求引导，公安交通管理部门负责通行管理"的城市货运配送车辆通行管控协同工作机制	市交通运输局	市公安局 市商务局
		（2）优化城市配送车辆通行区域，完善城市配送车辆通行证发放制度，实施城市货运配送车辆分时、错时、分区域通行措施	市公安局	市交通运输局 市商务局
		（3）利用现有的公交站点、出租车停车泊位等停车资源，合理规划设置城市货运配送车辆专用装卸货场地和临时停车泊位	市公安局	市交通运输局 市商务局 市综合行政执法局
		（4）利用城市智慧停车系统，采取分时、错时、分类的停车管理政策，规定泊位的免费停放时间，给予配送车辆停靠与装卸货物便利	市综合行政执法局	市交通运输局 市商务局 市公安局

序号	任务名称	工作任务	牵头单位	参与单位
3	推广使用新能源货运配送车辆	（1）引导城市货运配送企业优先选用新能源货运配送车辆，支持社会资本参与新能源货车运营，支持融资租赁等创新运营模式	市公安局	市交通运输局 市商务局 市生态环境局 市邮政管理局 市现代集团 市交运集团
		（2）引导充电桩（站）向货运配送三级网络节点及商贸区、物流集聚区、大型公共活动场所等区域布局，在土地供应、供电等方面支持企业建设充电桩，鼓励投资建设或运营企业为新能源货运配送车辆充电提供便利和优惠	市发改委	市交通运输局 市住建局 市商务局 温州电力局 市现代集团
4	创新发展城市货运配送组织模式	（1）推行"统仓统配""多仓共配""共同配送""社区物流""无接触配送"等先进物流配送组织模式	市商务局	市公安局 市交通运输局 市邮政管理局 市现代集团
		（2）鼓励第三方物流企业建立多用户共同配送中心，开展标准化集中统一仓储配送服务	市商务局	市公安局 市交通运输局 市邮政管理局
		（3）鼓励现代冷链物流等龙头企业加强冷链物流基础设施建设，着力构建现代冷链物流体系	市现代集团	市发改委 市商务局
		（4）鼓励骨干企业资源整合，推广"生鲜生产基地+冷链物流""连锁直销+冷链配送""生鲜电商+冷链宅配""中央厨房+食材冷链配送"等新型冷链物流运作模式，推广高效安全节能制冷技术和装备的应用	市商务局	市发改委 市交通运输局 市邮政管理局 市现代集团 市交运集团
5	加大城市货运配送市场主体培育	（1）围绕生鲜食品、农副产品、快消品、医疗用品等领域，鼓励配送企业规模化、网络化和品牌化发展，培育一批运作高效、服务规范、绿色节能、有示范带动作用的创新型城市货运配送企业	市交通运输局	市发改委 市公安局 市商务局 市邮政管理局 市现代集团
		（2）发挥国有企业示范引领作用，组建城市绿色货运配送示范企业联盟	市现代集团	市发改委 市公安局 市交通运输局 市商务局 市供销社 市邮政管理局 市交运集团

序号	任务名称	工作任务	牵头单位	参与单位
6	推进城市货运配送信息化建设	（1）依托国家综合物流信息平台，整合部门政务信息，建设城市货运配送公共信息服务平台	市交通运输局	市发改委 市公安局 市商务局 市市场监管局 市大数据发展管理局 市邮政管理局 市现代集团 国家综合物流信息平台
		（2）支持城市货运配送示范企业依托移动互联网技术建立配送信息系统	市交通运输局	市发改委 市经信局 市公安局 市商务局 市大数据发展管理局 市邮政管理局 市现代集团 市交运集团
7	强化城市货运配送领域市场监管	（1）出台城市配送企业运营服务规范，明确试点示范企业从事城市货运配送服务的基本要求、服务标准等	市交通运输局	市公安局 市商务局 市综合行政执法局 市市场监督管理局 市邮政管理局 市现代集团
		（2）制定出台城市货运配送企业质量考核管理办法，考核结果与运力投入、退出等政策挂钩，引导城市货运配送企业规范健康发展	市交通运输局	市公安局 市商务局 市邮政管理局
		（3）完善城市配送市场监管手段，规范城市货运配送市场	市交通运输局	市公安局 市商务局 市市场监督管理局
8	保障措施	（1）成立温州市城市绿色货运配送工作领导小组，下设办公室	城市绿色货运配送工作领导小组办公室	各成员单位
		（2）抽调相关部门人员组成工作专班	城市绿色货运配送工作领导小组办公室	市公安局 市交通运输局 市商务局 市现代集团 浙江工贸职业技术学院
		（3）积极争取国家和省级相关资金支持，加强对城市货运配送公共服务信息平台建设、城市货运配送示范企业帮扶力度，按照有关政策对新能源车辆推广、城市配送公共基础设施建设等予以支持	市交通运输局	市财政局

续表

序号	任务名称	工作任务	牵头单位	参与单位
8	保障措施	（4）城市货运配送基础设施建设重点项目优先在已批土地内安排用地，引导社区公共场所向城市货运配送优先使用发展	城市绿色货运配送工作领导小组办公室	市自然资源和规划局市住建局市综合行政执法局
		（5）每年制订工作推进计划，明确责任分工和保障措施	城市绿色货运配送工作领导小组办公室	各成员单位
		（6）加强部门沟通协调，研究解决创建工作中存在的困难和问题，建立常态化督查机制，全面推进示范工程创建工作	城市绿色货运配送工作领导小组办公室	各成员单位
		（7）做好创建绿色货运配送示范城市各项政策宣传解读，宣传典型经验，营造良好的舆论氛围和社会环境	城市绿色货运配送工作领导小组办公室	各成员单位

案例2 浙南闽北赣东商贸服务型物流枢纽建设方案

一、基本概况

（一）瑞安市经济社会发展情况

瑞安市，浙江省辖县级市，温州市代管，位于我国黄金海岸线中段，地处上海经济区和厦漳泉"金三角"之间，是浙江省重要的现代工贸城市、历史文化名城和温州大都市区南翼中心城市。瑞安市是全国综合实力百强县市，名列第24位。瑞安市先后荣获全国投资潜力百强县市、全国绿色发展百强县市、全国新型城镇化质量百强县市、全国营商环境百强县等荣誉，享有中国著名侨乡、中国鞋都、中国针织名城、中国箱包名城、中国锻造产业基地、中国包装机械城、中国休闲鞋生产基地、中国汽摩配之都等称号。瑞安市获得国家知识产权强县工程示范市、全国质量强市示范市、全国双拥模范城等31张城市金名片。

2020年，瑞安市地区生产总值突破千亿元大关，"两区一廊"创新布局加速，高新技术企业、科技型中小企业实现"两翻番"，创新指数进入全省第一档次。全市有88家规模以上服务业企业，服务业增加值达546.5亿元，"十三五"期间年均增长8.5%，服务业税收占全部税收52%；三次产业结构达2.5∶44.8∶52.7。城市商贸、物流、金融等重点行业占比进一步提高，产业基础扎实；信息服务、数字贸易等新兴服务业发展迅速，成为服务业发展新的增长点。2020年，瑞安市外贸进出口总额329.95亿元，比2019年增长8.1%，其中出口总额（含一达通）292.73亿元，比2019年增长6.7%；进口总额37.23亿元，比2019年增长20.1%。至2020年末，瑞安市已开展进出口业务的企业共1686家，其中出口超500万元的企业690家，出口超1000万元的企业481家，与188个国家（地区）开展贸易关系，对欧洲市场出口88.73亿元，对亚洲市场出口100.97亿元。

瑞安市被列入自贸区温州联动创新区重要板块，获评省级服务业强市培育试点、省现代服务业与先进制造业深度融合试点、全省首个侨贸电子商务创新发展示范区、省外贸转型升级试点示范市等，服务业和物流业成为瑞安市经济社会发展的主引擎。

（二）瑞安市物流业发展情况

"十三五"以来，瑞安市紧紧围绕温州市创建商贸服务型国家物流枢纽城市建设、物流降本增效综合改革试点等重点工作部署，以物流高质量发展为主题，以供给侧结构性改革为主线，加快推进基础设施建设、市场主体培育，物流业呈现规模壮大、集聚发展的良好态势。

1. 产业规模不断扩大

"十三五"期间，瑞安市物流规模保持稳定增长。全市重点布局普洛斯瑞安物流园、易达·云达跨境商品配送物流中心、京东仓配中心、侨舶汇进口商品城等项目，建成仓储中心、货运中心、城乡配送中心等多种物流配送平台，建成仓储面积15.8万平方米，形成"供仓配"一体化贸易服务配套系统，构建高效便捷的智慧物流体系。全市现有物流企业500多家，3A级（含）以上物流企业7家，形成了瑞家供应链、华峰物流等一批所有制多元化、服务网络化和管理现代化的规模以上物流企业。

2. 枢纽经济初见雏形

瑞安市现代物流产业快速发展，投资规模快速扩大，搭建起江南物流园区和侨贸小镇两大省级发展平台，引进了一批层次丰富的物流企业，落地一系列高质量物流项目，现代物流和现代服务业高速增长，已初步形成物流产业集聚效应，深度构建商贸物流全产业链生态，着力培育二三产融合发展机制，物流业向专业化和价值链高端不断延伸，对商贸业和制造业转型升级引领作用持续增强。

3. 商贸与物流深度融合

瑞安市商贸物流货源充足，基础设施布局持续完善，快递服务业务量居全国县级市前列。商贸市场规模化、专业化、品牌化、国际化和现代化发展，加之跨境电商、电子商务、市场采购贸易等新业态兴起，区域商贸集聚能力实现跨越式发展，推动商贸物流城乡一体化建设，构建"工业品下乡、农产品进城"快速流通网络，瑞安市建立了商贸业与物流业深度融合、专业分工的运作模式。

4. 发展环境持续优化

瑞安市历来高度重视现代物流业的发展，出台扶持政策，营造了良好的发展环境。全市以降低社会综合物流成本，提高经济整体运行效益为出发点，加大物流用地保障，推进统一开放、竞争有序的物流服务市场建设；实施重大项目推进、智慧物流建设、物流企业培育、产业联动试点、重点工程建设、物流服务优化六大行动；设立物流业发展专项资金，对 A 级企业评选、物流信息化建设、物流设施设备提升、物流标准化建设和重点建设项目予以扶持。

二、创建优势、发展思路及建设目标

（一）创建优势

1. 地理区位优势独特

瑞安市位居我国黄金海岸线中段，是泛长江三角洲和珠江三角洲的连接地带，联结"长江三角洲城市群"与"粤闽浙沿海城市群"，引领辐射浙南、闽北等周边地区发展。瑞安市实施拥江发展战略，以温瑞塘河串起瓯江、飞云江，协同构建北有瓯江、南有飞云江的温州主中心格局，以瑞安市中心城区为桥头堡向北融入温州大都市区主中心，向西牵引瑞安市都市化格局，将瑞安市整体打造成为温州都市区主中心南部新区。瑞安市辐射浙南、闽北，是浙江口岸距离台湾各港口最近的港口城市。通过海运从台湾到温州，办理简单手续后搭乘中欧班列运往欧洲，运输时间比全程海运节省一半，运输成本只有空运的七分之一到八分之一。

2. 民营经济资源强劲支撑

民营经济是瑞安市最大的发展优势、最亮的发展特色、最重的发展底牌。瑞安市产业发展全面开花，已形成汽摩配、机械电子、制鞋、高分子合成材料等支柱产业。民营经济、山海经济、瑞商经济等优势仍然存在，海外十万瑞安侨胞和天下瑞商资本、人才和渠道资源成为新时期提升城市综合竞争力的重要支撑。每年通过瑞商网络销售的产品金额达 200 亿元，社会消费品零售总额居温州各县市第一位，2020 年达 519.8 亿元。这为浙南、闽北商贸服务型物流枢纽建设提供了坚实的货源基础，确保建设项目能落地实施，有效益。

3. 开放效应持续释放

瑞安市先后获批省级服务业强市培育试点、现代服务业与先进制造业深度融合试点，在全省率先推出"亩均论英雄"信息化综合评价运用体系和智慧能源管理平台。瑞安市开放贸易持续扩张，被列入自贸区温州联动创新区重要板块，加强与 61 个"一带一路"沿线国家经贸合作，获批设立公用型保税仓，进出口总额稳居温州第一，与枢纽建设形成合力。

4. 营商环境国内领先

瑞安市深入实施"最多跑一次"改革，整合推出便民利企"一件事"83 项，政务服务事项网上可办率、掌上可办率、即办率分别达 100%、98.8%和 89.2%，营商环境百强县排名跃居全国第 12 位。优良的营商环境有利于激活要素资源，释放企业活力，推进商贸服务型物流枢纽建设。

5. 创新发展全面助力

"温州模式"和民营经济以创新为最大内涵，这与温州枢纽建设需要盘活创新资源、激发创新活力、推进全面创新、探索枢纽经济通道经济新范式的需求完全契合。浙南、闽北商贸服务型物流枢纽的打造是一个新生事物，没有现成可借鉴的模式，涉及许多复杂而具体的问题，是一项难度较大的工作。这需要城市、枢纽承载企业及社会各界优化创新生态，盘活创新资源，激发创新活力，推进枢纽经济通道经济全面创新发展。新时代"两个健康"先行区和自贸区温州联动创新区重要板块也为建设商贸服务型物流枢纽提供了创新发展的制度背景。民营企业的运作机制更加灵活，对市场的反应更加灵敏，更有利于瑞安市推进浙南、闽北区域性商贸服务型物流枢纽建设。

6. 空间布局选址合理

一是区位条件良好。瑞安市浙南、闽北区域性商贸服务型物流枢纽重点依托瑞安江南物流园区建设，地处铁路动脉、高速公路、国道干线的"黄金十字交叉点"，具有公路、铁路、港口等多种联运方式。高铁穿境而过，并设有站点；5 公里内 4 条高速公路、2 条国道纵横交错；区域内设有 2 座千吨级码头（南港与宋家埭）和铁路客货运站（园区已预留建设专用铁路线路）；距离温州龙湾国际机场约 30 公里。园区周边形成了四通八达的水陆空铁交通网，物流服务能力不断增强。二是园区产业集聚。园区涵盖胶鞋、机电、箱包、霓虹灯等传统产业和现代物流、新材料等新兴优势产业，同时汇聚了园区省级特色小镇——侨贸小镇、江南国际服装城、五洲国际商贸城、瑞安商城等专业商贸市场。园区周边集聚箱包、鞋靴、眼镜、服装等轻工业生产基地，并拥有"中国休闲鞋生产基地""中国（瑞安）胶鞋名城""中国箱包名城"等国字号工业金名片。三是空间布局集约。园区占地面积 4140 亩，其中建成区面积 1127 亩。园区规划边界为东至支经八路，南至纬三路-支纬十三路，西至支经九路，北至火车站路-纬二路。园区空间布局集聚，各功能板块都集中布置，集聚程度高，实现企业之间物流转换高效运行。

（二）创建思路

瑞安市以快速完善的现代物流网络、成效显著的物流企业培育、稳步推进的智慧物流建设为基础，以不断提升的交通基础设施建设、不断健全的交通运输体系、不断壮大的综合交通产业为推手，以加快建设浙南、闽北区域性物流高地为目标，与国家和浙江省总体战略布局相衔接，建设浙南、闽北区域性商贸服务型物流枢纽，发挥物流枢纽功能，带动区域物流产业集聚发展。以温州南部快递集散中心为突破口，加快推进快递经济圈建设，围绕快递园区，促进快递服务与工业、商贸、电子商务、制造业等相关产业协同发展。一是坚持以统筹发展理念，整合物流存量资源，推进多式联运发展，依托商贸集聚区、大型专业市场、大城市消费市场等，主要为国际国内和区域性商贸活动、城市大规模消费需求提供商品仓储、干支联运、分拨配送等物流服务。二是坚持以开放发展思维，对接国内国际市场，结合瑞安外向型经济和市场发育较成熟的特点，以供应链融合为纽带，加快发展金融、结算、供应链管理等增值服务，实现制造、贸易、物流、信息、金融等产业的有机对接，推动产业联动。三是以浙江省物流示范市综合改革创新试点为契机，鼓励物流枢纽服务创新，打造浙江省物流枢纽新动能培育基地，重点支持普洛斯、京东物流等龙头企业，创新发展智慧物流及现代供应链服务，加快发展快递物流、冷链物流和跨境物流，提升物流信息化、标准化、网络化水平，建设高效集约、协同共享、融合开放、绿色环保的现代物流体系。

（三）创建目标

到 2022 年 8 月，通过建设浙南、闽北区域性商贸服务型物流枢纽，物流枢纽经济取得显著成效，促进瑞安市主导产业及商贸市场的发展，促进物流降本增效和供应链一体化，实现物流高质量发展。

1. 扩大辐射范围，提高城市核心竞争力

建设浙南、闽北区域性商贸服务型物流枢纽有利于促进瑞安市和浙南、闽北地区的商品流通，促进瑞安汽摩配、机械电子等主导产业、鞋类、箱包等特色轻工业及商贸市场的发展，有利于提高瑞安城市竞争力和城市能级。到 2022 年，实现规模以上商贸企业和专业市场新增 5 家以上，实现销售额 30 亿元以上。

2. 建成浙南、闽北区域性商贸服务型物流枢纽，物流枢纽经济取得显著成效

瑞安市商贸服务型物流枢纽班列、班轮干线运输网络全面形成，干线运输规模占枢纽总运输比率超过 30%；形成辐射周边 150 公里左右范围的专线分拨集散运输网络。温州南部快递集散中心建成，发挥产业集聚和带动效应，形成覆盖城乡、配套衔接、布局合理、便捷高效的快递网络布局，促进快递服务与工业、商贸、电子商务、制造业等相关产业协同发展。社会化、专业化的第三方物流在全部物流服务市场中所占份额达到 60% 以上，年均增长 10% 以上，物流业增加值占第三产业增加值比重为 20% 左右。

3. 实现供应链一体化，促进物流高质量发展

瑞安市枢纽的建设促进供应链一体化管理水平提高，冷链物流、保税物流、快递物流、多式联运等领域取得突破性进展，带动物流高质量发展。瑞安市运输、仓储及邮政业预计平均增长 8% 以上，全社会货物周转量平均增长 10% 以上，水运货物周转量平均增长 12% 以上。具备商贸供应链一体化服务能力、专业物流服务能力的物流企业逐步成长，2022 年力争新增 5 家以上 3A 级物流企业。物流业总收入进一步提高，全社会物流总费用相对于 GDP 的比率明显下降。

三、创建主要内容

（一）建设浙江省物流枢纽网络服务新高地

1. 加强数字技术在物流枢纽中的应用

着力推进瑞安市物流枢纽建设，加快数字技术和先进设施设备应用，构建科学合理、功

能完备、开放共享、智慧高效、绿色安全的瑞安市商贸服务型物流枢纽网络，打造"通道+枢纽+网络"的物流运行体系，实现物流资源优化配置和物流活动系统化组织，进一步提升物流服务质量，降低全社会物流和交易成本。完善互联互通的枢纽信息网络，加快提高商贸服务型物流枢纽一体化运作、网络化经营、专业化服务能力，与供应链、产业链、价值链深度融合，强化对实体经济的支撑和促进作用。

2. 提升国际物流网络化服务水平

提高瑞安市商贸物流枢纽通关和保税监管能力，支持枢纽结合自身货物流向拓展海运、空运、铁路国际运输线路，密切与全球重要物流枢纽、能源与原材料产地、制造业基地、贸易中心等的合作，为构建"全球采购、全球生产、全球销售"的国际物流服务网络提供支撑。促进瑞安市商贸服务型物流枢纽与中欧班列融合发展，指导枢纽运营主体集中对接中欧班列干线运力资源，加强分散货源组织，提高枢纽国际货运规模化组织水平。充分发挥中欧班列国际铁路合作机制作用，强化物流枢纽与国外物流节点的战略合作和业务联系，加强中欧班列回程货源组织，进一步提高运行质量。发挥陆上边境口岸型枢纽的辐射作用，加强与"一带一路"沿线国家口岸相关设施的功能衔接、信息互联，加强单证规则、检验检疫、认证认可、通关报关、安全与应急等方面的国际合作，畅通陆路双向贸易大通道，打造商贸服务型物流枢纽网络新高地。

3. 依托物流枢纽，推进商贸物流产业集聚发展

商贸服务型物流枢纽建设将引导瑞安市统筹城市空间布局和产业发展，充分发挥物流枢纽辐射广、成本低、效率高的优势，带动周边区域农业、制造、商贸等产业集聚发展，打造形成各种要素大聚集、大流通、大交易的枢纽经济，不断提升枢纽的综合竞争优势和规模经济效应。依托商贸服务型枢纽，重点推进传统商贸向平台化、网络化转型，带动关联产业集群发展壮大。以物流园区、物流中心及物流节点作为发展现代物流的重要载体，通过加强物流园区规划和建设，打造一批带动能力强、辐射力大、特色鲜明的物流企业集聚区和物流园区。积极引导、推动运输企业开展综合物流服务，适时启动现代物流示范工程，在交通行业选择有一定基础的典型的物流企业开展现代物流系统的建设和运营试点，通过示范引导带动大批企业向现代物流业转型。进一步放开经营，吸引外资和民间资本投资现代物流业，形成以中心城市、交通干线和物流园区为依托，覆盖温州、辐射全省的多层次、多功能现代物流服务网络体系。整合经贸、民航、铁路、邮政、公路等行业的物流资源，促进商流、物流、信息流的联系和沟通，积极培育发展物流市场，提高物流业发展水平。

（二）打造浙江省物流枢纽新动能培育基地

1. 加强新技术、新装备创新应用

促进现代信息技术与物流枢纽运营管理深度融合，提高在线调度、全流程监测和货物追溯能力。推广电子化单证，加强自动化控制、决策支持等管理技术及场内无人驾驶智能卡车、自动导引车、智能穿梭车、智能机器人、无人机等装备在瑞安商贸服务型物流枢纽内的应用，提升运输、仓储、装卸搬运、分拣、配送等作业效率和管理水平。鼓励发展智能化的多式联运场站、短驳及转运设施，提高铁路和其他运输方式的换装效率。加强物流包装物在枢纽间的循环共用和回收利用，推广使用可循环、可折叠、可降解的新型物流设备和材料，鼓励使用新能源汽车等绿色载运工具和装卸机械，配套建设集中式充电站或充电桩，支持节能环保型仓储设施建设，降低能耗和水的排放。

2. 发展物流新业态、新模式

高效响应物流市场新需求，适应产业转型、内需扩大、消费升级带来的物流需求变化，加强温州国家物流枢纽与腹地生产、流通、贸易等大型企业的无缝对接，提高市场感知能力和响应力。发展集中仓储、共同配送、仓配一体等消费物流新模式，构建以温州国家物流枢纽为重要支撑的快速送达生活物流圈，满足城乡居民小批量、多批次、个性化、高品质生活物流需求。依托侨贸小镇，引导温州国家物流枢纽系统对接国际物流网络和全球供应链体系，支持中欧班列、跨境电商发展。鼓励大型物流企业依托温州国家物流枢纽开展工程设备、大宗原材料的国际工程物流服务。

3. 鼓励物流枢纽服务创新

建立瑞安市商贸物流枢纽共享业务模式，通过设施共建、产权共有、利益协同等方式，引导企业根据物流需求变化合理配置仓储、运力等资源。加强基础性、公共性、联运型物流设施建设，强化物流枢纽社会化服务功能，提高设施设备共享共用水平。发展枢纽平台业务模式，将枢纽内分散的物流业务资源向枢纽平台整合，以平台为窗口加强业务资源协作，统一对接上游产业物流需求和下游物流服务供给。拓展枢纽供应链业务模式，发挥物流枢纽在区域物流活动中的核心作用，创新枢纽的产业服务功能，依托物流枢纽深化产业上下游、区域经济活动的专业化分工合作，推枢纽向供应链组织中心转变，打造浙江省物流枢纽新动能培育基地。

4. 促进产业联动发展

一是促进物流与制造业联动。贯彻落实国家部委关于促进制造业与物流业联动发展的意见，鼓励制造企业将物流服务需求进行外包，对能够集成整合、委托外包的物流资产和业务，实行社会化运作。统筹规划国家物流枢纽的物流服务体系，建设生产服务型物流中心，同时倡导物流枢纽内物流基础设施、物流信息平台共享共用，严格控制我市制造企业自营物流用地规模。二是促进物流与现代农业联动。促进第三方物流企业与农资市场、农产品市场、农业大户及农村超市的结盟，推动农资、农产品、农村物流发展。三是促进物流与商贸业联动。鼓励商家剥离仓储配送业务，将其交给专业物流企业，实现仓配、配送一体化管理，鼓励有条件的大型卖场、专业市场走向交易与物流相分离的模式。支持我市贸易物流集团到国内大中城市建立直销中心，到国外设立营销网点，通过自主、联盟等多种方式建立贸易物流网络。结合我市传统特色产业发展，建设集信息、数据、贸易、仓储等于一体的本地仓，以"海外仓+本地仓+电商信息平台"的创新模式，实现境内外双向互动、线上线下协同发展，为产品进出口提供创新的贸易流通服务，助推枢纽国际化发展。

（三）多元发展物流枢纽业务

1. 重点发展物流配送网络

借助服务业集聚和物流提升发展，全球布局高效的物流配送网络，提供包括但不限于仓储服务、货运配载、多式联运、商贸物流、国际物流等在内的一系列服务，打造"陆、海、空、铁"立体化的物流港；积极构建"海外仓+本地仓"结合的国际绿色物流体系，为瑞安市轻工产品跨境电商提供整体智慧物流解决方案；利用各类高精度工业货架、自动存取货物的智能机器人及云端仓库管理软件，满足不同客户的仓储需求，打通生产和仓储环节，提供更多仓储选择。大力发展"干支配"业务，以多式联运实现干线业务高效化，以技术融合实现分拨业务智能化，以功能聚合实现配送业务仓配一体化。

2. 加快发展货运物流

整合现有物流企业资源，依托"三主两辅七园"货运枢纽体系（表1）建设，面向瑞安市内外生产制造业集群，发展集原材料（零部件）采购、生产配送、销售物流和回收物流于一体的物流服务。围绕形成30、60、90分钟的物流配送圈的目标，主要以城市主干道、国道、省道及"村村通"公路为内部网络骨架，加强物流园区、物流中心等同各城镇、村级节点、工业企业、民居等腹地之间配送的交通联系，通过统一组织和管理，实现市域物流配送的时效性和经济性，保证物流配送体系高效运转，同时缓解城乡交通压力。

表 1　"三主两辅七园"货运枢纽体系

三主	两辅	七园
凤凰山作业区、北麂远洋作业区、瑞安站公铁联运枢纽	上望作业区、南滨作业区	碧山物流园、滨海新区物流园、京东瑞安智能供应链、塘下综合物流园区、马屿物流园、经济开发区南岸物流园、汀田智慧物流园

3. 加快发展供应链集成业务，构建国际性轻工供应链体系

打造智慧型商贸物流生态圈。积极构建平台支撑运行体系，集聚在线交易服务、"一站式"审批服务、公共信息发布服务、系统管理功能等功能服务。

4. 加快发展智慧物流

完善配送中心、仓储中心、货运中心等建设，整合电商、商贸等资源，构建海外仓与本地仓结合的国际智慧物流体系，打造时尚轻工产品智慧物流服务平台。推进智能快递收件柜等物流终端建设和应用，围绕区域分拨、城乡配送、保税仓储等功能的协同提升，建设温州南部仓储物流中心，辐射服务周边地区。依托瑞安站公铁联运枢纽，做强物流信息化平台，积极发展多式联运服务，推进公铁联运、水铁联运、公路集装箱等，形成长短途运输协调配套，一单到底、高效运转。

5. 加快发展多式联运

以集装箱运输为重点，鼓励甩挂运输与多式联运衔接，推动建立稳定的跨区域集装箱"公、铁、水"多式联运服务网络。完善不同枢纽场站节点的功能布局，提高运载工具、转运设备的标准化及通用性水平。大力发展海铁联运、公铁联运、陆空联运等先进运输组织方式，建设完善一批大型集装箱多式联运中转站，引进或组建专业化运输企业入驻，形成多种方式有效衔接，长短途运输协调配套，一单到底、高效运转的多式联运服务体系。依托瑞安市"两头在外"的产业特色和发达的公路货运体系，加快与铁路、水路的联运发展，推进航运、港口、铁路企业在单证格式、信息传递、运费计算等技术标准方面的有效统一，探索"公、铁、水、空"多种方式结合的多式联运"一单制"方式。着力构建中转联运设施高效衔接、信息资源整合共享、运营服务标准规范的多式联运组织体系。

（四）高效发展商贸物流服务

1. 重点发展商贸物流

依托五洲国际商贸城、四季青瑞安服装城、瑞安商城家居市场、瑞安侨贸国际鞋城、蓝睛灵隐形眼镜项目等重大商贸项目的建设与运营，配合实施"互联网+商贸服务业"行动计划，以瑞安市江南新区为商贸物流业核心区，推进瑞安市商贸物流业发展。将瑞安市打造成以商贸物流为主的现代物流高地，成为世界（温州）华商综合发展试验区的主战场、浙南闽北赣

东进口商品集散中心的重要支点。充分发挥瑞安人在外经商能人众多（侨智）、资金雄厚（侨资）、销售网络健全（侨商）等优势，积极探索"侨贸+总部"经济发展，以外带内，以外促内，以外提内，构建行业跨境贸易生态圈，打造"物流商贸总部经济"。

2. 持续推进电子商务物流

推进商贸物流和电子商务的协同发展及业务流程再造。大力发展快递与电子商务物流，加快发展航空快递。鼓励电子商务企业加强与商贸物流企业的合作，支持电商物流企业扩展服务功能，提升服务能力，形成覆盖全市的电子商务服务网络，打造电商集聚平台。

3. 提升快递物流发展水平

构建以瑞安江南物流园区为核心，以其他快递物流园区、快递转运中心为节点，以乡镇服务网点和村级快递公共服务站、智能快件箱等为末端支撑的快递服务空间布局。推动社区、机关、高校等划定专门派件区域或建设快递服务站点，实施快递进学校、进社区、进机关"三进"工程。支持快递企业和邮政企业开展"快递服务进村"合作，支持供销社、电商平台及其他收投平台企业建设第三方收投平台，开展联收联投，推进建制村快递服务站全覆盖，提升农村快递服务水平。鼓励有条件的工业园区、小微企业园、电商园配套建设快递物流园（功能区），为"快递服务进厂"提供支持，推广订单快递、入厂物流、仓配一体、逆向物流等服务模式。鼓励快递企业建设集货仓、发展集拼和中转业务，创新"快递服务出海"模式，服务跨境电商。

4. 大力发展冷链物流

依托覆盖面广的公路运输优势，建立农副产品进城、工业和农贸产品下乡、城乡结合的双向绿色物流体系。加强面向城市消费的低温加工处理中心和冷链配送设施建设，打通冷链物流末端"最后一公里"，确保中心城区每 2 公里范围、乡镇每 5 公里、偏远山区每 30 公里范围内至少布局一个生鲜冷冻食品零售网点。建设集信息发布、在线交易、全程温控、车辆跟踪、产品溯源等功能于一体的冷链物流信息平台。谋划冷链物流功能节点，新建一批适应现代流通和消费需求的冷链物流基础设施，推动冷链物流信息化和智能化建设，整合瑞安市现有生产制造、流通加工、仓储配送等环节，完善产地预冷、销地冷藏和保鲜运输、保鲜加工的流程管理，逐步实现从产地到销地市场冷链物流的无缝衔接。

5. 完善物流配送服务网络

以瑞安江南物流园区为依托，联合塘下综合物流（电商）园区、智慧物流园区（智慧物流小镇）、阁巷临港综合物流园区，围绕构建物流园区、物流配送中心、物流配送网点为支撑的三级物流网络体系，重点建设"4园+5中心+N点"的物流平台网络体系。同时发挥快递业畅通生产端与消费端的功能，持续深化快递业与制造业产业互联服务网络，健全国际快递基础服务网络。开展末端物流高效配送提升行动，鼓励各类企业在区内各类大型社区、写字楼宇、厂区单位建立智能（无人）化末端物流配送网点，加强公共型城市配送节点和社区末端配送设施建设。

6. 着力发展跨境物流

发展以出口加工、全球采购、保税交易、物流金融、保税展示、简单加工和增值服务等为重点的保税物流业态。鼓励企业建设运营海外仓、智能口岸仓、出口集货仓和海外联合仓，建立集分拨、推广、产品展示等功能于一体的跨境电子商务海外运营中心。以海外仓为发展重点，完善跨境物流系统网络，多渠道、多方式在侨商与侨企集聚的国外重点城市建设海外仓，简化电商企业在境外投资建设物流仓储的外汇登记手续，发展以出口加工、全球采购、保税交易、物流金融、保税展示、简单加工和增值服务等为重点的保税物流业态。积极引导海外仓储与本土仓储形成全球性物流仓储体系，加快引进境外物流企业，鼓励企业建设运营海外仓、智能口岸仓、出口集货仓和海外联合仓，建立集分拨、推广、产品展示等功能于一体的跨境电商海外运营中心。

（五）创新发展物流增值服务

创新发展现代物流增值服务，提升综合服务能力。不断增强货物集散转运、仓储配送、装卸搬运、加工集拼等基础服务能力，加快与制造、商贸等产业融合发展，加速物流要素向枢纽聚集，以平台整合、供应链融合为特征的新业态、新模式加快发展，不断拓展交易撮合、金融结算等增值服务，进一步提升物流枢纽的价值创造能力。

1. 推广金融服务

在物流枢纽间推行集装箱多式联运电子化统一单证，加强单证信息交换共享，实现"一单制"，物流全程可监测、可追溯。加强不同运输方式在货物交接、合同运单、信息共享、责任划分、保险理赔等方面的制度与规范衔接。鼓励企业围绕"一单制"物流创新业务模式，拓展统一单证的金融、贸易、信用等服务，扩大单证应用范围，强化与国际多式联运规则对接，推动"一单制"物流加快发展。

2. 发展电商结算业务

鼓励瑞安物流枢纽综合信息服务平台与电子商务物流信息平台对接，实现"双网"融合。增强物流枢纽在跨境电商通关、保税、结算等方面的功能，提高枢纽支撑电子商务物流一体化服务的能力。以鞋革、食品、箱包、服装、针纺、眼镜、工艺礼品七大特色产业电子商务物流发展为重点，积极推进京东、苏宁、易达购等电商平台自建物流及物流网络布局，加快 EMS、顺丰、"通达系"等快递公司，风达等落地配公司，以及人人快递等众包物流企业，在温州落地发展。

3. 发展现代供应链服务

推动特色产业供应链体系转型，打造当地汽摩配、鞋服、箱包等特色优势产业供应链资源配置中心。发展基于电子商务的供应链管理平台，推动供应链服务上线、上云，促进供应链管理与电子商务深度融合。加快京东智能供应链项目建设与运营，完善供应链公共服务体系，推动农业、制造业、商贸供应链整合发展。形成一批供应链技术创新、模式创新、组织方式创新的试点企业，培育一批平台型供应链服务企业和供应链应用示范企业。以汽摩配、时尚轻工等产业链补链、强链为重点，围绕原材料采购、中间品转运、成品仓储、展示销售等领域，引进培育第三方现代供应链服务企业，设立新瑞立汽配连锁平台，将数字技术、服务与制造深度融合，实现生产效率和流通效率双提升。

四、重点工程

（一）物流枢纽建设工程

瑞安市以建设大项目，招引大企业，集聚大品牌为目标，推进基础物流、专业市场和产业集群物流、城乡配送物流等三大重点领域项目建设，以构建较完善的现代物流产业体系。通过强化要素保障，扩大产业聚集和辐射效应，构建综合型物流枢纽中心三大主要模式。一是强化要素保障，从财税支持、市场准入、项目审批、用工扶持等方面加大支持力度；实行以"市场筹集为主，政府投入为辅"的投融资机制，走政府投资、银行融资、招商引资等多元化筹资路子，积极化解项目建设融资难题。二是充分发挥自身优势，扩大产业聚集和辐射效应，吸引龙头企业和配套协作型企业到园区发展，带动产业升级、产品换代，进一步提高园区产业聚集度。三是通过发展现代物流业、运输服务业、信息服务业、金融服务业和仓储业，打造温州乃至全省的综合现代物流中心及区域性的人流、物流、资金流、信息流集散中心。

（二）枢纽项目实施工程

坚持以存量设施整合提升为主，以增量设施补短板为辅，重点提高现有物流枢纽资源集约利用水平。一是继续推进园区基础物流、商贸物流、道路配套设施等项目建设，早日亮出园区形象；二是开拓专业化物流市场，积极引进医药物流、冷链物流、电商平台等专业化的物流项目，完善物流产业体系，积极推动新兴物流发展，提高产业附加值，加强物流业与商贸业、金融业、制造业等相关产业的联动。

1. 京东瑞安智能供应链产业建设项目

总投资约 22 亿元，总用地面积约 400 亩，入选省重点建设计划。主要建设仓储设施设备生产厂房、智慧化物流货物操作中心、分拣中心、仓储中心等，打造集商品物资集散、仓储运营、城市配送、配套服务等功能于一体的现代化、系统化、生态化的电子商务运营基地。

2. 易达江南电商园

易达江南电商园（图 1）占地面积 101 亩，建筑面积 68914 平方米，并建有 5000 平方米的众创空间。易达拥有丰富的智慧供应链资源和运作经验，可以根据不同需求进行个性化服务，引领客户走向 4PL 时代，为其提供完整的供应链解决方案，让客户的商品流转效率更高、流通成本更低，产生更大的效益。易达充分利用易达公用保税仓的优势打造温州市首个电商智能仓配中心，整合国内外供应端、销售端、配套端、服务端企业和资源，搭建国内外商品供应链平台和贸易分销平台，将中心打造成集国内外商品的资源、展示、采购，集散、分拣、分销、结算、数据于一体的大型综合配送中心。浙江人本鞋业、浙江环球鞋业和浙江大博文鞋业等电子商务龙头企业成为首批入驻企业，由易达为其提供专业、高效、低错率的第三方智能仓配服务，配送效率较传统人工操作提升 3 倍以上，准确率达到 99.99%。

图 1　易达江南电商园

3. 侨贸进口商品中心

项目总投资 9.5 亿元，总用地面积 22 亩，打造集星级酒店、免税商超、进口商品展销体验、商务会展于一体的区域性跨境商品综合中心，建成后将成为瑞安城市新名片、城市会客厅、中央商务区、江南新区标志性建筑，进一步完善电商产业链、促进电商创业创新发展。中心将为世界侨商搭建新平台，为瑞安市提供多功能服务的载体，力争建成温州地区规模最大、品种最全、辐射范围最广的进口商品集散区。图 2 为属于该项目的侨舶汇进口商品城。

图 2　侨舶汇进口商品商城

4. 易达跨境商品物流配送中心

易达跨境商品物流配送中心（图 3）位于瑞安江南物流园区，占地面积 38.8 亩，总建筑面积近 7000 平方米，总投资 2000 万元。易达跨境商品物流配送中心充分利用易达公用保税仓的优势，整合国内外供应端、销售端、配套端、服务端企业和资源，合力打造国内外商品供应链平台和贸易分销平台，将中心打造成集国内外商品的资源、展示、采购，集散、分拣、分销、结算、数据于一体的大型综合配送中心。

图 3　易达跨境商品物流配送中心

5. 浙江云达物流有限公司仓储物流项目

项目总投资 1.05 亿元，主要建设浙江云达物流有限公司仓储物流中心。以物流数据分析为基础，协同项目品类供应链经验，提升电商仓储及配送方案服务水平。

（三）物流企业培育工程

1. 加快培育物流企业

重点布局京东瑞安智能供应链产业建设等项目，整合提升一批中小物流企业，引导传统货运企业扩大经营规模和服务范围，拓展经营服务网络。剥离一批物流企业，通过上下游互联，从商贸业、制造业企业剥离物流业务，实现物流业务规模化、集约化经营。培育一批物流企业，鼓励具备一定条件的本地企业向综合物流服务商转型发展。引导邮政、快递企业做强做优，提升服务能力和水平。培育智慧物流示范企业，深入推进移动互联网、大数据、云计算等新一代信息技术的应用。引进一批物流企业，加大招商引资力度，重点引进国内外领军物流企业、国家 5A 级物流企业入驻，发挥大企业、大项目的带动引领作用。

2. 培育商贸流通龙头企业

鼓励和支持有实力的商贸流通企业回力、环球、国鸿箱包等利用参股、控股、合资等方式做大做强，重点支持欧鑫诺供应链集成服务商、火碟信息科技全流程电商服务商等，打造综合性流通企业和细分行业领军企业。

3. 提升企业发展能级

加快物流市场改造提升，推动京东瑞安智能供应链产业、浙江云达物流有限公司仓储物流等项目与数字商务、现代物流、会展经济融合发展，推动市场业态和经营模式创新。加快商贸物流运作效率，加快推广物联网、云计算、地理信息系统等技术在物流配送中的应用，打通物流信息链，实现统仓统配和全程追踪。

（四）运营模式创新工程

加快供应链创新与应用，推进京东瑞安智能供应链产业、易瑞智慧供应链等项目建设，提升总集成、总承包能力，发挥商贸对传统产业与企业产业链、供应链、价值链改造提升的先导作用，实现供应链的可视化、网络化和数字化；帮助供应链跨界整合、优化、创新，产生新的产业、新的产品与新的服务、新的商业运作模式，实现产业优化和产品结构调整，形成新的经济增长点。推进零售模式创新，依托江南小镇跨境电商产业链项目和麒麟阁等数字贸易载体，打造以消费者体验为中心的数据驱动泛零售形态，以数据为核心，以数字化为基础，强化运用大数据、云计算、人工智能、虚拟现实等技术，重塑电子商务产业价值链，提高企业效率，引领消费升级。麒麟阁运营模式如图 4 所示。

（五）枢纽配套保障工程

坚持物流枢纽建设与温州市现代物流业发展规划协调，与瑞安市城市总体规划的功能、布局衔接，与瑞安市国民经济与社会发展规划一致，与瑞安土地资源利用总体规划吻合，使现代物流与区域产业调整、城市功能转变协调发展。在此基础上，合理规划布局物流园区、配送中心、物流通道等重大物流基础设施，科学安排建设时序，做到统筹规划、协调发展，集约建设、有序推进。

1. 用地保障措施

一是政策保障。重点物流项目建设用地，涉及农村集体土地的，在依法办理农用地转用和土地征收手续时，在耕地开垦费和征地管理费等税费方面可酌情给予一定的减免。二是规划保障。结合温州市现代物流业发展"十四五"规划和瑞安市服务业发展"十四五"规划，修编城市总体规划、土地利用规划或者对控制性详细规划进行调整，提高物流用地比重，从城市总体层面出发，加强国家物流枢纽空间布局与城市功能提升的衔接，确保枢纽用地规模、土地性质和空间位置长期稳定，预留好远期发展备用地；研究制定合理的枢纽容积率下限，提高土地资源的利用效率。

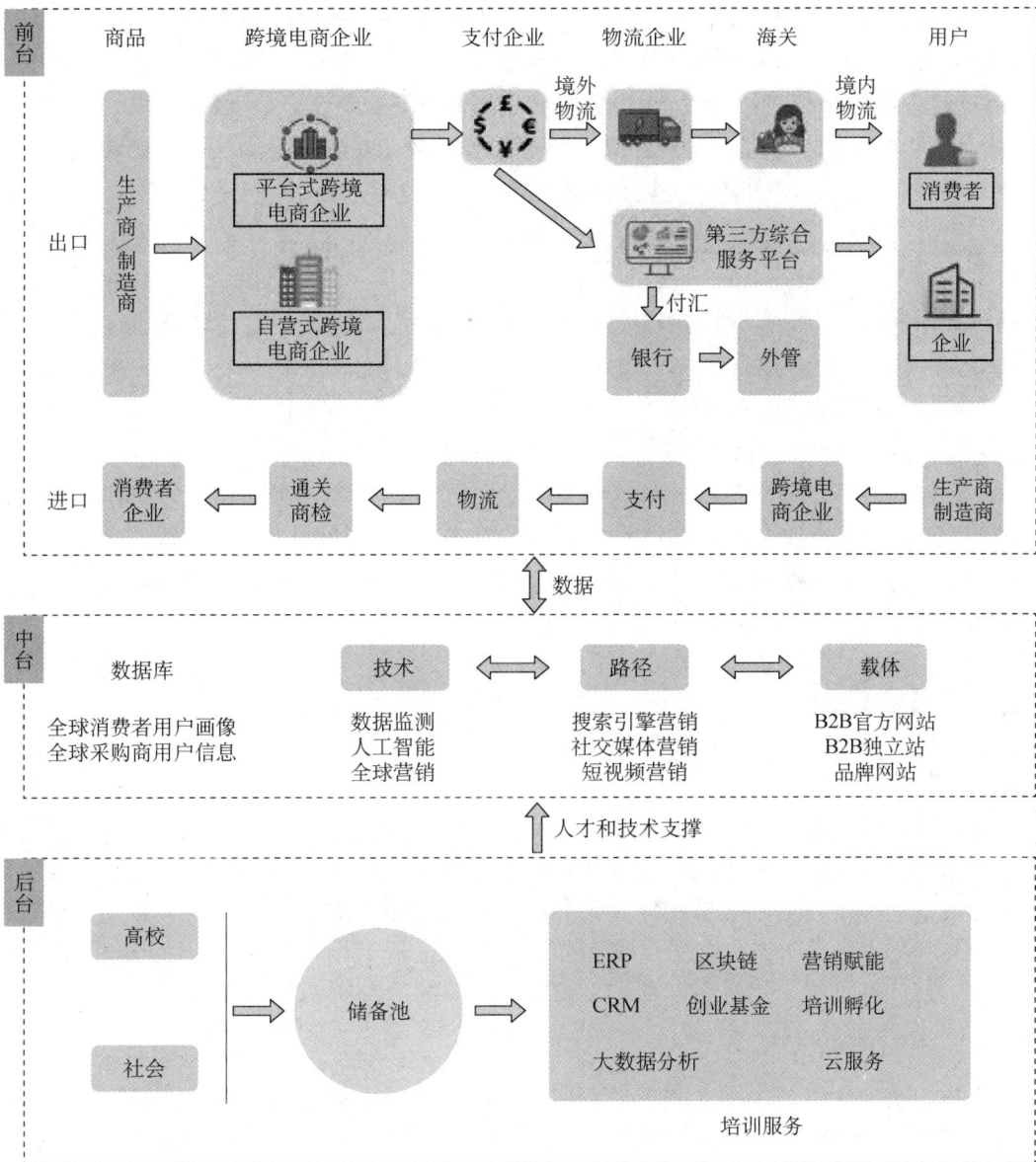

图 4　麒麟阁运营模式

2. 加强物流基础设施建设

加快推进京东智能供应链产业、易瑞智慧供应链等项目建设，打造生态型供应链综合体，包括仓储功能区、电商产业区、结算贸易区、信息交易中心区结算中心等多种配套设施。深入推进飞云街道江南陆铁联运中心、浙江环球物联网仓储项目和瑞安人本网络科技仓储项目建设，重点完善仓储物流中心。统筹运营普洛斯物流园等项目，推进智慧物流建设，实现物流企业上中下游资源整合，构建集采购、分销、仓储、配送、金融于一体的供应链协同服务平台。

3. 完善枢纽集疏运体系建设

完善集疏运体系，加快推进园区内铁路货运专线建设，优化铁路场站布局，更新站场仓储、货位等硬件设施，加强与杭温高铁建设和温武吉铁路的衔接，提升铁路货运服务能力。快速推进城市轨道交通建设，加快园区范围内市域轨道 S2 线建设，途经龙湾机场并与 S1、M2、M4 等多条轨道线连接，以"S+M"城市轨道网络串联城市组团及主要交通枢纽，提升交通效率和城市品质。加快重点区域高等级公路建设，构建完善的高速公路网，优化公路物流通道布局，推进高等级公路与铁路站场、港口、物流园区的无缝衔接。

4. 完善城市配套服务设施

推进交通配套建设。实现温南枢纽广域辐射，加快建设瑞安东站，实现物流、人流、商流叠加发展；推进温瑞一体紧密同城，构建以铁路、城轨、高快速路、国省道为主框架的温瑞立体型大廊道；推进江南新区交通建设，促进创新发展区交通高速快达。推进城市配套建设，实现创新发展区商业和生活配套有序落地，打造侨贸中心、轻工云数字研发中心等办公场所，推进奥特莱斯、侨乡水岸风情街、江南国际服装城旅游购物中心等商业载体的建设，加快保税中心、配送中心等仓储中心的建设，加速华侨实验小学、国际社区、华侨品质生活区、华侨中医院、云江中医院、侨贸康养中心、侨文化博物馆、侨贸公园、瑞安侨贸景观工程等生活配套设施的建设。

五、保障措施

（一）加强组织领导

成立瑞安市物流综合改革创新试点工作领导小组，加强对物流枢纽经济发展创新试点工作的统筹协调和督促落实，及时研究解决物流枢纽经济发展创新试点过程中的突出问题，制定推进物流枢纽经济发展的政策措施。领导小组办公室设在瑞安市江南新区开发建设管理委员会，办公室负责日常工作，定期开展落实情况梳理通报。明确各单位职责，形成分工合理、密切配合、整体推进的工作格局，全力支持物流枢纽经济发展创新试点工作。

（二）强化要素保障

加强物流用地保障，依据瑞安市城乡规划、土地利用总体规划，统筹布局物流园区（基地）、配送中心、分拨中心，对纳入省级以上示范的物流园区新增物流仓储用地给予重点保障。在一定时期内对物流企业所得税及其他税费给予减免。建立健全物流企业分类管理制度，对要素资源价格实行差别化配置机制。加大对龙头企业的支持力度，通过"一企一策"，依法依规在要素配置等方面给予积极支持，开通重点产业项目"绿色通道"。争取国家、省和行业管理部门配套的物流基础设施政策支持，加大财政支持力度，积极支持物流项目争取国家专项资金。发挥试点示范带动效应，安排专项资金用于示范园区、示范企业发展，支持企业做大做强，引导物流业专业化、智慧化发展。拓宽物流企业投融资渠道，鼓励金融机构开发支持物流业发展的供应链金融产品和融资服务方案，支持符合条件的物流企业通过发行公司债券、企业债券和上市等多种方式拓宽融资渠道。

（三）强化运营保障

以瑞安江南新区建设开发有限公司为运营主体，引入普洛斯、五洲、江南国际服装城等龙头企业入驻瑞安江南物流园，大力发展第三方、第四方物流运营主体，引导落后的运输组织向现代化物流运营主体转型。同时引入京东、美克美家、红星美凯龙、易达等知名品牌，落地猪八戒网、瓯贸通等电商服务平台，推进物流业向现代化、信息化和标准化方向建设发展，完善电子商务平台等物流业支撑体系。加强瑞安江南新区建设开发有限公司的现代化制度构建及运营管理建设，同时依托龙头企业及物流专线和公共服务平台，打造瑞安商贸配送、专业物流和供应链物流名片。深化物流主体参与区域合作交流，深入高端制造业和商贸流通业产业链，走国际化、专业化、联动化道路。

（四）强化人才保障

优化物流人才成长发展环境，加强现代物流人才队伍建设。强化物流高层次人才引进政策，吸引国内外现代物流领域领军人才、专业人才在瑞安开展创新创业、教学科研等活动。支持设立省级物流研究中心，鼓励 3A 级及以上重点物流企业设立研究机构，支持鼓励物流行业协会和物流企业联合高校和科研院所，推进物流专业和产学研基地建设，采取岗前、在职培训和学历教育等多种方式，围绕物流枢纽经济、电商物流、跨境物流、冷链物流、城市配送、应急物流等重点领域方向，建立多层次、立体式的物流人才培养培训体系。建立以政府奖励为导向、以用人单位奖励为主体、以社会力量奖励为补充的多元化人才奖励体系，在全社会形成鼓励创新、支持创业的良好氛围。建立健全不同层次和类型的实用性物流业人才培训机制，打造各类人才交流平台，开展互动活动。

（五）优化营商环境

推进物流领域"放管服"改革，加强政府部门间的工作协同和信息共享，实现企业办事"最多跑一次"。制定完善配套政策措施，统筹利用中央和省级服务业发展资金，加大对物流枢纽试点任务的支持力度，将符合条件的物流枢纽重大项目纳入市级以上重点建设项目管理，实行联审联批，优先配置土地和环境容量。建立鼓励创新、包容审慎的监管机制，支持新业态、新模式发展。鼓励跨区域合作，破除物流发展面临的行政壁垒和政策障碍，推进物流一体化、集约化发展，加强物流领域数字化改革，持续缩短企业投资项目审批时限，减少审批事项，提高办事效率，营造开放包容的物流营商环境。

附表　瑞安市商贸服务型物流枢纽经济项目汇总

序号	项目名称	项目主要内容	建设期限	总投资（万元）	建设主体
1	易达江南电商园	重点建设第三方电商自动化仓配中心、大型商贸流通电商平台、保税仓储等多个重点项目。将易达江南电商园打造成一个集项目孵化、第三方仓配服务、新零售、供应链金融、跨境贸易、总部经济、软件开发、人才培训、共享经济等多功能于一体的大型综合电商创业园区	2018—2022 年	10000	瑞安市易达网络科技有限公司

序号	项目名称	项目主要内容	建设期限	总投资（万元）	建设主体
2	侨舶汇进口商品城	依托进口商品城和供应链优势，遵循开放式、一站式及现场体验式经营理念，多维度精选优质进口商品，采用线上线下结合的新零售方式，贸易业务与餐饮体验相结合，自主经营和合作经营相结合	2019—2022年	3500	瑞安市易达网络科技有限公司
3	易达跨境商品物流配送中心	整合国内外供应端、销售端、配套端、服务端企业和资源，合力打造国内外商品供应链平台和贸易分销平台，将中心打造成集国内外商品资源、展示、采购、集散、分拣、分销、结算、数据于一体的大型综合配送中心	2019—2022年	2000	瑞安市易达网络科技有限公司
4	侨贸小镇路网工程	包括飞云江路、站前路、次纬三路、支经八路、支经十路、支经十四路、支经十七路、支纬七路、支纬九路、支纬十三路、支纬十四路，占地约215亩	2018—2023年	35000	江南新区管委会
5	综合信息平台建设	建立瑞安江南物流园区公共信息平台，入驻园区企业都建立全球或国内的信息平台，努力提升物流企业的信息化、标准化、网络化水平	2018—2023年	1000	江南新区管委会
6	江南小镇跨境电商产业链项目	位于56省道以北、支径八路以南、支纬十三路以东、次纬十四路以西，用地面积约293亩，建筑面积约41.4万平方米，打造特色文化旅游与跨境电商相结合的华商创新创业中心	2019—2023年	535000	瑞安江南新区管委会
7	京东瑞安智能供应链产业建设项目	位于瑞安市云周街道，总建筑面积约30万平方米，建设内容包括仓储设施设备生产厂房、智慧化物流货物操作中心、分拣中心、仓储中心等。	2020—2024年	220000	瑞安江南新区管委会云周街道办事处
8	侨贸进口商品中心	位于江南新区侨贸小镇，总用地面积22亩，总建筑面积约8.7万平方米，建设集星级酒店、免税商超、进口商品展销体验、商务会展于一体的区域性跨境商品综合中心	2019—2022年	95000	瑞安江南新区管委会
9	易瑞智慧供应链项目	位于丁山二期，总用地面积130亩，建筑面积13万平方米，打造生态型供应链综合体，包含仓储功能区、电商产业区、结算贸易区、信息交易中心区结算中心等多种配套设施	2019—2022年	8000	瑞安经济开发区管委会
10	浙江环球物联网仓储项目	位于陶山镇碧山社区，用地面积16.4亩，建筑面积4.4万平方米，包括两个物流仓储用房和一处办公宿舍楼	2020—2022年	2000	陶山镇人民政府
11	瑞安人本网络科技仓储项目	位于陶山镇碧山社区，用地面积16.4亩，建筑面积44.1万平方米，包括两个物流仓储用房和一处综合用房	2020—2022年	2000	陶山镇人民政府
12	浙江云达物流有限公司仓储物流项目	位于飞云街道物流园区内 02-18 地块，总用地面积7055平方米，计容面积10582平方米。主要建设仓储物流中心。	2020—2022年	10500	瑞安江南新区管委会
13	江南陆铁联运中心	位于飞云街道物流园区内 02-18 地块，总用地面积7055平方米，计容面积10582平方米。主要建设仓储物流中心。	2020—2022年	4000	瑞安江南新区管委会

案例 3 温州市现代物流业发展 "十四五" 规划 （2021—2025）

一、发展概况

（一）发展现状

"十三五" 以来，温州市紧紧围绕商贸服务型国家物流枢纽城市建设、物流降本增效综合改革试点等重点工作部署，以物流高质量发展为主题，以供给侧结构性改革为主线，加快推进基础设施建设、"四港" 联动发展、市场主体培育，物流业呈现规模壮大、集聚发展的良好态势。

1. 产业规模不断扩大

"十三五" 期间，全市物流规模保持稳定增长，2020 年物流业增加值约为 540 亿元，占全市 GDP 比重达 7.8%，占服务业增加值比重达 14.5%。全社会货运量从 13428.5 万吨增至 17946.2 万吨，年均增长 6.0%；其中公路货运量从 8566 万吨增至 12728.9 万吨，年均增长 8.2%。全市快递服务业务量从 3.8 亿件跃升至 13.6 亿件，年均增长 29.0%，稳居全省第三位，全国第 13 位。瓯海区入选省级物流综合改革创新试点，东风物流、人本集团、泰易达物流三家企业入选省级物流新业态、新模式发展试点。全市现有物流企业 4200 多家，3A 级（含）以上物流企业 70 家，其中，2016—2020 年新增 41 家，年均增加 8 家，形成了一批所有制多元化、服务网络化和管理现代化的物流企业。温州市物流业发展基本情况如表 1 所示。

表 1 温州市物流业发展基本情况

主要指标		单位	2015 年	2020 年
货运量	公路	万吨	8566.0	12728.9
	水运	万吨	4387.3	4953.3
	铁路	万吨	470.9	259.5
	航空	万吨	4.3	4.5
	总计	万吨	13428.5	17946.2
港口货物吞吐量*		万吨	8490.4	7401.5
机场货邮吞吐量		万吨	7.3	7.4
快递服务企业业务量		亿件	3.8	13.6

* 其中，2015 年集装箱量为 56 万 TEU，2020 年为 101.1 万 TEU。

数据来源：温州市统计年报、温州市综合交通运输发展 "十四五" 规划。

2. 基础设施日趋完善

铁路、公路、港口、航空等综合交通基础设施建设持续推进。截至 2020 年底，全市铁路总里程达到 316.6 公里，公路总里程达 15084.1 公里，其中高速公路 566.9 公里，实现五年翻一番；温州港共建成生产经营性泊位 199 个，其中万吨级以上泊位 20 个；温州机场新建货运区、货机专用机坪先后投用，营运航线 197 条（其中国际 17 条），开辟全货机航线 2 条；建成温州传化公路港、英特药业公共医药物流平台、温州卷烟物流配送中心、人本集团仓储配送中心等物流项目；开工建设京东瑞安智能供应链产业园、乐清湾港区博科供应链项目（一期）、韵达浙南快递电商总部基地、百世快递温州转运中心等物流项目；初步形成瑞安江南、瓯江口、瓯海潘桥、乐清湾等 4 个重点物流园区空间布局。

3. 城乡配送加快发展

"十三五"期间，社会物流成本水平总体保持下降态势，物流降本增效改革取得新突破。现代冷链物流中心、娄桥批发配送中心、温州粮食批发及配送中心等 5 个城乡配送中心相继建成，推动了城市仓储、零担运输、电商、邮政、快递等各类企业向综合共配中心、分拨中心集聚，强化综合共配中心、分拨中心的公共属性和集聚辐射功能，为城乡高效配送提供了强有力的载体支撑。农村商贸物流融合发展，总体呈现出网络化、多样化、智能化等鲜明特色，农村三级物流网络体系初步构建，打开了工业品下乡、农产品进城的双向流通渠道。

4. "四港"联动实现突破

温州市围绕"亿吨大港、百万标箱"的既定目标，积极发展多式联运，全力做强集装箱业务，持续深入推进海港陆港空港信息港"四港"联动建设。推动国家综合物流信息平台、温州港集团、温州机场集团、市现代集团、市交运集团等物流领军企业组建温州"四港"联合会，打造集海陆空信息"四港"于一体的物流信息平台，实现运输需求和运力供给相匹配，促进不同运输方式的互相协同、优势互补。乐清湾港区铁路支线建成通车，温州铁路口岸封关运营暨义新欧班列"温州号"投入使用，温州市至中亚、欧洲陆上货运铁路通道正式打通。温州港现有印度尼西亚等 5 条外贸航线和 2 条我国台湾地区航线，2020 年完成集装箱吞吐量 101.1 万标箱，"十三五"期间年均增长 12.5%。

5. 政策环境持续优化

"十三五"期间，国家层面出台了《国务院办公厅关于进一步推进物流降本增效促进实体经济发展的意见》等政策文件，进一步确立物流业在国民经济发展中的基础地位，明确物流的基础性和准公益性特点。省级层面出台了《省发展改革委关于开展浙江省物流创新发展试点工作的通知》《浙江省冷链物流创新发展三年行动计划（2020—2022 年）》等支持物流业发展的政策措施。温州市以降低社会综合物流成本、提高经济整体运行效益为出发点，加大物流用地保障，推进统一开放、竞争有序的物流服务市场；印发了《温州市现代物流业发展三年行动计划》等政策文件，实施重大项目推进、智慧物流建设、物流企业培育、产业联动试点、重点工程建设、物流服务优化六大行动；设立物流业发展专项资金，对 A 级企业评选、物流信息化建设、物流设施设备提升、物流标准化建设和重点建设项目予以扶持，五年市本级累计投入补助资金 2600 余万元。

（二）存在问题

从总体上看，温州市物流业已步入转型升级、结构优化、降本增效发展的新阶段。但是，物流业总体水平还不高，在基础设施布局、信息化标准化建设、物流服务能力等方面还存在不足。

1. 基础设施布局有待优化

物流园区建设相对滞后，现有物流设施布局较为分散，现代化仓储、多式联运转运等设施仍显不足，难以发挥物流规模化集聚效应。温州港大型深水泊位较少，集疏运体系仍需完善，区域服务辐射能力不强。龙湾国际机场三期扩建、温州港快速发展及乐清湾港区铁路支线建成运营，对物流基础设施建设提出了更高的要求。综合交通物流基础设施的统筹布局、物流通道及枢纽资源的共建共享、网络一体化的有效衔接等有待进一步提高。物流业发展规划与国土空间规划、综合交通规划等衔接不足，导致规划项目落地实施缺乏有力保障。

2. 信息化、标准化发展滞后

物流信息技术应用水平和普及程度仍需提高，尤其跨平台、跨行业的对接能力较弱，存在物流"信息孤岛"现象，信息互通共享整体水平不高，信息资源未能有效利用，降低了资源配置效率，增加了物流运行成本。物流相关标准的推广应用力度不够，各环节标准体系之间衔接不畅，在农产品物流、冷链物流、城乡配送、电商快递、多式联运，以及跨区域物流标准化等方面需加大创新力度。

3. 物流服务能力仍需提升

物流服务功能较为单一，服务链条短，存在低端服务能力过剩、中高端服务能力供给不足的现象。企业类型以公路物流为主，同质化竞争严重，税收贡献率低。受新冠肺炎疫情和物流需求疲软等原因影响，铁路货运量和港口吞吐量出现负增长，航空物流存在短板，多种运输方式转换衔接不畅，缺少能够提供"一票到底"服务的多式联运企业。物流信息、结算、金融、流通加工、供应链等高端业态和增值服务发展缓慢，供应链管理、国际物流服务、物流金融、物流信息等领域高层次人才缺口较大。

（三）发展环境

从国际环境看，当今世界正经历百年未有之大变局，"一带一路"倡议的提出，为贸易便利化和资源要素国际流通创造条件，形成海陆统筹、东西互济的全方位对外开放新格局。同时，国际环境单边主义、保护主义上升，新冠肺炎疫情影响广泛，全球经济陷入低潮期。这些因素将影响国际贸易规模增长和区域分布，从而影响国际物流需求和物流产业对外空间布局。

从国内环境看，我国经济已由高速增长阶段转向高质量发展阶段，经济长期向好，市场空间广阔。构建以国内大循环为主体、国内国际双循环相互促进的新发展格局，是新时期物流业高质量发展的方向指引。长三角一体化战略深入推进，对区域物流一体化提出更高要求，亟待温州市加快建设物流设施联动、资源共享的区域综合物流体系，以区域物流一体化加快区域经济协调发展。

从温州市自身看，自贸区温州联动创新区、中国（温州）华商华侨综合发展先行区、中国（温州）跨境电商综合试验区、温州综合保税区等一批高能级开放平台建设，为温州市物流业带来了新的发展空间和机遇，也为物流业在"四港"联动、绿色货运配送、跨境物流、快递经济、物流新业态等方面发展指明了新的方向，为温州市"五城五高地"建设提供了物流保障。

从物流业发展趋势看，以大数据、智能化、物联网、移动互联网、云计算等为代表的数字技术将成为引领"十四五"物流业创新和驱动转型的重要力量，也加快了即时物流、无接触配送等先进模式在物流业的应用普及。伴随资源约束趋紧、环境污染加重，以及碳中和、碳达峰目标要求，温州市物流业通过绿色理念和数字技术改造传统的物流运作模式，提升物流服务经济效益，实现降本增效和绿色环保协调发展。

二、总体思路和发展目标

（一）指导思想

高举习近平新时代中国特色社会主义思想伟大旗帜，深入贯彻党的十九大和十九届二中、三中、四中、五中全会精神，全面落实省委省政府和市委市政府决策部署，坚持新发展理念，积极围绕"做强第三极、建好南大门"总体要求和"五城五高地"的战略目标，以高质量发展为主题，以深化供给侧结构性改革和需求侧管理为主线，高水平建设国家综合物流信息平台、商贸服务型国家物流枢纽城市、长三角南翼物流中心城市、全国绿色货运配送示范城市、中国快递示范城市，全面提升物流通道、枢纽、网络整体化发展水平，加快构建立足长三角、辐射全国、连接全球的现代物流体系，服务新发展格局，为全面建设全国性综合交通枢纽城市、争创社会主义现代化先行市提供有力支撑。

（二）基本原则

1. 市场主导，政府引导

充分发挥市场在资源配置中的决定性作用，充分发挥市场主体的主动性、积极性和创造性，最大限度激发市场活力。创新政府调控、引导方式，推动简政放权和政策扶持"放管结合"，营造统一、开放、公平、有序的物流营商环境。

2. 数字赋能，提质增效

以数字技术为引领，推动物流业数字化改革，发力智慧物流新基建，激发产业发展新动能。依托国家综合物流信息平台，深化"四港"联动高效发展，推进"互联网+"高效物流发展，优化资源配置方式，提升物流运行效率。

3. 融合创新，绿色安全

按照产业链、价值链、供应链融合发展要求，系统推进物流技术创新、模式创新和业态创新，提升物流综合服务能力。加快节能环保装备和绿色低碳技术在物流业的推广应用，加强行业安全生产运营管理，构建绿色安全物流体系。

4. 区域协同，错位发展

立足服务新发展格局，紧密衔接"一带一路"、长江经济带和长三角一体化国家战略，加强与长三角城市群的协同合作，构建长三角物流错位发展和一体化运作的物流市场体系，以合作谋发展，以错位寻突破。

（三）发展目标

到 2025 年，基本构筑物流服务新发展格局的支撑体系，全市物流基础设施、组织效率和创新发展水平明显提升，物流辐射能力和服务水平显著增强，降本增效取得显著成效，物流综合实力位居全省前列。

1. 物流综合实力显著增强

到 2025 年，全市物流业增加值达到 800 亿元，物流业增加值占地区生产总值比重稳定在 8% 左右。物流市场主体规模进一步扩大，快递物流、电商物流、港口物流、冷链物流等一批骨干、品牌物流企业快速成长，3A 级（含）以上物流企业达 100 家以上，力争培育 5A 级物流企业或上市物流企业 1 家，培育省重点流通企业 20 家以上。

2. 物流设施布局更加完善

到 2025 年，铁路营业里程达 380 公里，基本建成"通闽达赣融杭接沪"铁路通道网络；全市公路总里程达 16000 公里，高速公路超 700 公里，进一步完善农村公路网，基本实现镇镇通二级公路、全面实现村村通等级公路；建成万吨级泊位达 28 个，温州港外贸航线数量力争达到 12 条；建成省级物流示范园区 3 个、省级冷链物流骨干基地 1 个、市级物流集聚区 7 个；农村快递服务通达率为 100%。

3. 物流组织效率明显提升

物流组织方式更加高效，数字技术和物流标准得到广泛应用。国家综合物流信息平台的集聚效应、催化作用充分发挥，"四港联动"发展取得突破，到 2025 年，铁路货运量达 800 万吨，年均增长 25%；港口货物吞吐量超亿吨，集装箱吞吐量达 200 万标箱；航空货邮吞吐量达 15 万吨；义新欧班列"温州号"开行数量达 500 列。

4. 物流创新发展更加强劲

到 2025 年，建成市级智慧物流园区（中心）10 个，培育网络货运经营者 10 家，促进物流资源集约整合；城市配送、城乡高效配送效率显著提升，快递量达到 22 亿件以上；无人车、无人机、无人仓、智能充换电站等智能化设施设备在物流领域加速推广应用，争创省级物流新业态、新模式发展试点企业 5 家。温州市"十四五"物流业发展主要指标如表 2 所示。

表 2 温州市"十四五"物流业发展主要指标

指标类型	指标名称	单位	2020 年	2025 年
物流综合实力	物流业增加值	亿元	约 540	800
	物流业增加值占生产总值比重	%	7.8%	8%
	3A 级以上物流企业数	家	70	100
物流设施布局	省级物流示范园区	个	1	3
	省级冷链物流骨干基地	个	—	1
	市级物流集聚区	个	4	7
	农村快递服务通达率	%	96	100
物流组织效率	铁路货运量	万吨	259.5	800
	港口货物吞吐量	万吨	7401.5	10000
	港口集装箱吞吐量	万标箱	101.1	200
	航空货邮吞吐量	万吨	7.4	15
	义新欧班列"温州号"开行数量	列	100	500（累计）

续表

指标类型	指标名称	单位	2020 年	2025 年
物流创新发展	市级智慧物流园区（中心）	个	2	10
	网络货运经营者	个	3	10
	快递业务量	亿件	13.6	22
	省级物流新业态、新模式发展试点企业	家	3	5

三、构筑现代物流发展新空间格局

（一）建设现代物流"一平台四城市"

紧紧围绕服务和融入新发展格局，高水平建设国家综合物流信息平台、商贸服务型国家物流枢纽城市、长三角南翼物流中心城市、全国绿色货运配送示范城市、中国快递示范城市，打造现代物流"一平台四城市"，提升智慧物流发展水平，构建"通道+枢纽+网络"现代物流运行体系，培育发展物流枢纽经济，推动物流业降本增效，促进温州市现代物流业高质量可持续发展。

1. 国家综合物流信息平台

以服务"大战略"、建设"大数据"、完善"大网络"、构建"大体系"为目标，加大物流业数字化改造力度，加快物流基础设施信息化、智能化建设，加快推进国家综合物流信息平台与温州本地物流业的深度融合与应用。依托国家综合物流信息平台，整合现有公共信息平台资源和数据库资源，推进交通运输基础数据和物流业务数据的汇聚，打造温州物流信息枢纽港，组建"四港"联合会和实体公司，搭建温州市物流供需匹配平台，支持鼓励相关物流企业接入平台，形成跨部门、跨运输方式、跨区域、跨国界的物流信息服务网络，实现温州市物流业信息化水平的整体跃升。

物流业信息化四大目标

1. 大战略。大战略指的是"一带一路""长江经济带发展""长三角一体化"等国家战略。国家综合物流信息平台服务于大战略，加大基础创新、互联发展和国际交流合作力度，为实现交通强国目标做出贡献。

2. 大数据。大数据是以容量大、类型多、存取速度快、应用价值高为主要特征的数据集合。国家综合物流信息平台按照创新、协调、绿色、开放、共享的发展理念，围绕建设网络强国、数字中国、智慧社会，全面实施国家大数据战略，助力中国经济从高速增长转向高质量发展。

3. 大网络。大网络是指大数据、云计算等互联网新技术集成应用的全新互联网。国家综合物流信息平台致力于有效实现国家间、区域间、行业间、运输方式间、政企间、企业间的物流信息安全、可控、顺畅交换共享，提供公共、基础、开放、权威的物流公共信息服务，形成跨部门、跨运输方式、跨区域、跨国界的物流信息服务网络。

4. 大体系。大体系指的是现代流通体系。国家物流信息平台致力于构建覆盖全国、辐射国际的物流信息服务基础设施、覆盖全产业链的数据仓库和国家级综合服务门户，完善部省合作共建推进机制，加强数据开放、项目统筹、互联推进，助力打造现代流通体系。

---

2. 商贸服务型国家物流枢纽城市

按照《国家物流枢纽布局和建设规划》要求，到 2025 年基本建成温州市商贸服务型国家物流枢纽城市，助力国内大循环为主体、国内国际双循环相互促进新发展格局。依托国家物流大通道和"一带一路"建设，聚焦东南沿海区域商贸中心城市、新消费高地和开放型经济发展，为商贸活动、大规模消费需求提供专业化仓储、多式联运、区域分拨配送等物流服务及金融、结算、供应链管理等增值服务，培育发展具有较强国际竞争力的物流枢纽新经济，建设与全球物流链便捷对接、服务高效、产业高端的商贸服务型国家物流枢纽。

3. 长三角南翼物流中心城市

深入实施长三角区域一体化国家战略，协同推动长三角产业链、供应链、价值链融合发展，系统推进现代物流业新技术、新业态、新模式。依托温州市"5+5"万亿产业集群，加快物流业与制造业深度融合，制造业供应链协同发展水平大幅提升，精细化、高品质物流服务供给能力明显增强，形成具有温州特色的现代物流与经济发展体系。加快推动长三角物流设施互联互通和资源共享，主动参与长三角区域物流分工，打造长三角南翼重要物流中心及区域性的人流、物流、资金流、信息流集散中心。

4. 全国绿色货运配送示范城市

积极培育发展城市物流经济，全面推进干支衔接型物流枢纽、公共配送中心、末端配送站的城市三级货运配送网络建设。统筹解决城市配送车辆"进城难、通行难、停靠难"等突出问题，推广使用新能源货运配送车辆，完善车辆通行管理政策。开发城市绿色配送系统，接入温州物流信息枢纽港平台，发展城市绿色货运配送业务。加快构建"集约、高效、绿色、智能"的城市绿色货运配送体系，高标准全面建成全国绿色货运配送示范城市。

5. 中国快递示范城市

优化完善快递业空间布局，深入实施快递"两进一出"工程，积极推进"工业品下乡、农产品进城"，加快形成辐射全国、畅达国际的寄递服务能力，推动打造"123 快递经济圈"。通过五年努力，快递发展基础支撑更强，业务规模更加壮大，服务水平明显提高，普惠民生更加彰显，中国快递示范城市高质量发展指标体系全面建成，争创中国快递强市，为快递业高质量发展和浙江省"两进一出"全国试点探索温州模式和温州方案。

（二）构筑"双圈四港七区"物流总体布局

围绕"一带一路"与长江经济带联动发展、长三角一体化、服务和融入新发展格局三大重点方向，优化物流业发展环境，推进现代物流体系建设，构筑"双圈四港七区"为引领的物流总体布局，助推温州市现代物流业高质量发展。

1. 打造国内国际物流循环"双圈"

（1）陆海联动的国内物流循环圈。不断提升温州都市区的辐射力和影响力，加强与台州、丽水、衢州、宁德、南平、上饶等周边地区节点城市的互联互通，打造高效循环、协同联动的区域物流循环圈。积极融入长三角世界级港口群、机场群协同发展，畅通沿海物流大通道，形成联通长三角、粤港澳两大湾区的开放走廊，打造长三角物流循环圈。加快推进货运铁路、高速公路、国省干道建设，增强"一带一路"西向辐射能力，拓展温州西向发展腹地，打造国内物流循环圈。

（2）全球布局的国际物流循环圈。以中国（浙江）自贸区温州联动创新区、中国（温州）华商华侨综合发展先行区、中国（温州）跨境电商综合试验区、温州综合保税区等开放平台为载体，统筹铁路义新欧班列"温州号"、港口航运、航空货运、公路货运发展。东向依港出海，大力发挥温州机场、温州港的区域枢纽作用，新增、加密航线网络，提升机场港口的服务能力。西向依陆出境，构建货运铁路向西三大集疏运通道，开辟温州进出中亚、欧洲陆上新通道。利用温州与我国台湾地区的区位优势，完善海陆空联运方式。加强与"一带一路"沿线国家和地区的经贸往来，推动跨境电商海外仓布局，加快融入国际物流供应链体系，打造连接全球的国际物流循环圈。

2. 完善"四港"联动运输体系

以海港为龙头、以陆港为基础、以空港为特色、以信息港为纽带，推进海、陆、空基础设施联通、联运业务模式创新、"四港"信息互联共享和联运服务标准有效衔接，构筑"四港"融合发展新格局。做大"四港"联合会，积极吸纳新成员单位，推动合作项目取得实质性突破，鼓励传统物流企业向物流全流程服务供应商转变，鼓励物流龙头企业并购重组。深化运输结构调整，发展多式联运，实施铁路货运倍增行动，推动内河航运复兴，推进大宗货物公转铁、公转水，充分发挥海、陆、空各种运输方式的比较优势，在综合运输链中"四港"之间相互开放协同，打造信息共享、无缝对接、快捷便利、成本低廉的四港联动运输体系，实现综合交通体系优化、运输增效、物流降费。

3. 构建以"七区"为引领的物流设施体系

加快构建物流集聚区（物流园区）—物流中心（分拨中心）—配送节点三级物流网络体系，形成全域联动、辐射内外、层级合理、有机衔接的物流业协调发展空间新格局。以物流集聚区（物流园区）为龙头，重点推进乐清湾物流园区、温州市航空物流园区、瓯江口物流园区、瓯海潘桥物流园区、瑞安江南物流园区、鹿城西部物流园区、温州南部副中心综合物流园区七大物流集聚区（物流园区）建设，打造辐射带动能力强、技术水平先进、集散能力突出、公共服务完善的物流集聚区（物流园区）。以物流中心（分拨中心）为骨干，结合各县（市、区）经济基础、产业结构、区位条件、生产生活需求，以及现有物流中心布局情况与设施能力，合理规划建设一批制造业物流中心、电商物流中心、农产品物流中心、快递分拨中心，服务当地经济发展和产业转型升级。以物流配送节点为基础，加快布局完善遍及全市域、量多面广的城乡物流配送节点，形成对物流集聚区（物流园区）、物流中心（分拨中心）的有力支撑。

四、打造"六位一体"现代物流体系

聚焦"一平台四城市"建设，打造立体网络的物流设施体系、融合联动的物流供应链体系、高效便民的物流服务体系、协同互动的物流开放体系、创新引领的物流发展体系、绿色安全的物流保障体系"六位一体"的现代物流体系，提高物流发展质量效益，夯实共同富裕的物流基础。

（一）立体网络的物流设施体系

1. 推进综合交通物流设施建设

（1）完善铁路货运基础设施。以金温铁路、乐清湾港区铁路支线为依托，大力发展铁路货运，加强温州货运铁路与江西、湖南等长江经济带中游省份的货运需求对接。加快推进温武吉铁路建设，联通中西部省市，拓展温州港西进腹地，适时启动金温铁路电气化改造，保障义新欧班列"温州号"开行需求。积极探索铁路口岸与华商华侨综合发展先行区、综合保税区、跨境电商综试区等开放平台协同联动，推动义新欧班列跨境电商、国际邮包、商业快件发展，实现功能整合、政策效应叠加。

（2）完善公路货运基础设施。加密高速公路通道，完善高速公路网，依托沈海高速、甬莞高速、金丽温高速及东延线、溧宁高速、诸永高速、合肥至温州高速、青文高速、乐清至青田高速、龙丽温高速、苍南至庆元高速，进一步提高跨地市及跨省区的高速公路货运能力。加快国省干道和农村公路物流通道建设和改造提升，增强公路运输承载能力，优化公路集疏运组织管理，加强与周边地市普通公路货运的紧密衔接。持续推进温州至长三角核心城市的公路货运通道建设和互联互通，为长三角一体化发展提供坚实有力支撑。

（3）完善枢纽港口基础设施。进一步依托温州港的区域区位优势和岸线资源优势，积极争取省海港集团支持，加大乐清湾、状元岙、大小门岛等核心港区深水码头和深水航道建设力度。大力发展乐清湾港区大宗散货和集装箱海铁联运，借助"敞顶箱"运输新方式，推进"散改集""批量入箱"。加快推进鹿城西部多式联运枢纽建设，推进铁路站场、港口与物流园区、产业园区等有效对接，进一步发展多式联运，积极推进大宗货物运输"公转水、公转铁"，发展水水中转、水铁中转等业务。加密台湾及东南亚航线，开通中东干线、韩国、印度尼西亚等线路，到 2025 年，温州港外贸航线数量争取达到 12 条。加快推动集装箱吞吐量增长和附加值提升，提升温州港发展能级和水平，统筹浙南港口一体化发展，打造辐射浙南、闽北、赣东的重要枢纽港口。

（4）完善航空物流基础设施。积极争取省机场集团支持，加密国内国际航空货运航线网络，引进发展全货机运输。加快温州机场三期扩建工程和航空物流园建设，打造集航空物流、货邮仓储、冷链运输、货运代理、跨境电商、综合服务等多种功能于一体，配套设施完善的综合性航空物流枢纽，满足航空货物运输快速增长的需求。统筹航空物流货运资源，优化温州机场货运功能布局，大力培育航空物流、智慧物流及关联产业。统筹推进临空经济和航空物流，积极创建国家级临空经济示范区，谋划推动航空物流、临空服务等临空产业发展。到 2025 年，国内通航点增至 100 个以上，国际及地区通航点增至 22 个以上；在冰鲜产品、水生动植物两类航空口岸进口资质的基础上，增加肉类和水果航空口岸进口资质，完善跨境电商国际快件监管仓库规划和建设。

2. 推进物流站场节点建设

（1）建设功能完善的物流集聚区。在严格符合土地利用总体规划、城市总体规划的前提下，按照节约、集约用地的原则，加快完善"三主四副"物流集聚区布局，打造以乐清湾物流园区、温州市航空物流园区、鹿城西部多式联运枢纽为主的综合物流集聚区，以瓯江口物流园区、瓯海潘桥物流园区、瑞安江南物流园区、温州南部副中心综合物流园区为副的服务区域经济的物流集聚区。完善集聚区管理体制，明确集聚区内部各功能区块定位和分工，加强基础设施建设，提升管理和服务水平。引导物流企业向集聚区集中，实现集聚区内企业的功能互补和资源共享，提高物流组织效率。完善集聚区服务功能，鼓励集聚区在具备仓储、运输、配送、转运、货运代理、加工等基本物流服务的基础上，进一步为入驻企业提供工商、税务、报关、报检等政务服务和金融、保险、清算、法律等商务服务功能，促进形成物流企业集聚、物流服务链条完善的物流集聚区。

（2）建设高效集约的物流中心（分拨中心）。优化物流中心（分拨中心）所在地区控制性详细规划，布局完善物流集疏运通道，加强与铁路、公路、水运、民航等多种运输方式之间的顺畅衔接和高效中转。鼓励物流中心（分拨中心）引进和建设一批先进、适用的设施装备，加强物流作业各环节现代化、智能化、信息化发展。支持建设立体仓储、温控仓库、越库作业库等先进设施，推广应用符合物流信息标识与交换标准的托盘（1.2米×1米）和产品包装模数，鼓励应用基于全球统一编码表示（GSI）的物流信息标识与交换标准，推动托盘、箱码、物流单元在物流过程中的顺畅衔接。

（3）健全服务精准的末端物流网点。结合温州市产业发展、区域经济特点，以及城乡居民生活需要，整合商贸流通、交通运输、邮政快递、供销合作等站场资源，合理布局改造和新建一批城乡物流配送中心，强化集散中转、仓储配送等综合服务功能，为开展城乡高效配送提供末端节点支撑。依托未来社区建设，推动智能化、集成化社区末端物流平台全覆盖，规划建设与无人配送相适应的社区道路网络。发挥县域综合共配中心衔接城乡的功能优势，形成衔接有效、往返互动的双向流通网络，拓展农产品上行物流通道。针对农村市场需求，引导物流、快递企业加强资源共享整合，推动收货站点、智能快件箱（信包箱）等智慧共享，加快农村物流服务网点建设，实现"最后一公里"有序集散和高效配送。

3. 推进多式联运设施体系建设

（1）建设有效衔接的多式联运网络。加快推进铁路、公路、港航、航空等交通物流基础设施和站场建设，提升多式联运的运行效率和服务水平。大力发展"海铁联运"，充分发挥乐清湾港区铁路支线运能，推动金温铁路由客、货功能向全货运功能转变。依托市场采购贸易方式试点和浙南、闽北、赣东进口商品集散中心建设，推动集装箱"弃陆走水"。依托龙湾国际机场、温州港区、鹿城西部多式联运枢纽，积极发展空海、空铁、空陆联运，在航空物流园规划建设跨境电商、冷链物流、航空快件的进出口分拨集散基地。做大做强海关监管站场，高质量运营温州现代铁路口岸，大力发展义新欧班列"温州号"，提高多式联运综合服务能力。

（2）完善高效便捷的货运体系。支持铁路完善货场和集疏运系统建设，增强铁路集货组织能力，积极开行以市场需求为导向的定制化货运班列。支持探索组建公铁水多式联运物流联盟，建立公、铁、海联运协调机制，强化海铁、海公、海河联运组织和"门到门"全程服务，吸引公路货运转水运。深化物流"一单制"发展，整合运输、仓储、配送等环节，推进铁路、航空等重点领域电子货运"一单制"，促进联合运输和多式联运发展。对接国际多式联运相关标准体系和服务规则，加快多式联运中转设施和信息系统建设。

（3）推广技术领先的多式联运装备。以集装箱运输为重点，鼓励甩挂运输与多式联运衔接，推动建立稳定的跨区域集装箱公铁水多式联运服务网络。完善不同枢纽场站节点的功能布局，提高运载工具、转运设备的标准化及通用性水平。鼓励应用快速转运装备技术，充分利用无线射频、物联网等先进技术，建立智能转运系统，大大提高多式联运换装转运的自动化作业水平。依托温州市"两头在外"的产业特色和发达的公路货运体系，加快与铁路、水路的联运发展，推进航运、港口、铁路企业在单证格式、信息传递、运费计算等技术标准方面的有效统一，探索公铁水空多种方式结合的多式联运"一单制"方式。着力构建中转联运设施高效衔接、信息资源整合共享、运营服务标准规范的多式联运组织体系。

温州"四港"联合会

温州市成立以国家综合物流信息平台、市现代集团、温州港集团、温州机场集团、市交运集团、中国邮政温州有限公司、浙江金温铁道开发有限公司等为首批发起单位，与港口、航空、铁路、公路运输密切关联的货代、园区、仓储等环节的代表性企业共同参加的"四港"联合会，推动温州市"四港"物流信息共享，实现运输的需求与运力的供给相匹配，重点服务于乐清湾港区海铁联运、状元岙港区集装箱运输发展；实现联盟成员间的业务合作与对接，打造多式联运、无缝对接、快捷便利的"四港"联动运输体系。

（二）融合联动的物流供应链体系

1. 推动物流与制造业联动发展

重点推进物流业与电气、鞋业、服装、汽车及零部件、泵阀五大传统优势制造业和数字经济、智能装备、生命健康、新能源、新材料五大战略性新兴产业之间的协同联动和跨界融合。加快发展供应链物流，打造供应链管理中心，提升企业供应链管理水平。支持制造企业整合其内部分散在采购、制造、销售等环节的物流服务资源，以及仓储、配送等存量设施资源，向社会提供专业化、高水平的综合物流服务。鼓励物流企业托管置换制造企业物流要素，物流企业在承接大中型制造企业剥离的物流设施时，在土地置换和税收优惠等方面予以支持。培育面向制造业的第三方物流，推动制造企业与第三方物流、快递企业密切合作，引导物流、快递企业为制造企业量身定做供应链管理库存、线边物流、供应链一体化服务等物流解决方案，增强柔性制造、敏捷制造能力。

2. 推动物流与商贸业联动发展

支持大型商贸企业建设现代化物流配送中心，完善物流配送功能，为所属门店和社会企业提供统一配送。围绕鞋服、眼镜、箱包、电气、建材、进口商品等品类，加快传统专业市场转型升级，建设一批专业化、规模化、智慧化的现代专业市场，鼓励物流企业在专业市场周边发展智慧仓配一体化的场站设施。支持建立与电子商务发展相适应，覆盖全市域的电商物流配送体系，大力发展集中配送、共同配送、无接触配送等模式，畅通商贸物流末端配送渠道，推动流通业态创新。积极发展"商贸+互联网+物流"新模式，推动商贸企业与物流企业资源共享、模式创新，形成物流通道、物流园区、专业市场有机衔接、相互融合、共同促进的商贸物流产业体系。

3. 推动物流与现代农业联动发展

实施乡村物流补短板、强弱项工程，深化县、乡、村三级物流网络节点建设，健全物流运营标准和优化资源要素保障，构建衔接城乡、普惠便民、运转高效、系统完善的乡村物流服务体系，促进城乡商品双向流通，实现资源互补、共同开发。围绕农（渔）业生产、加工、流通等环节，积极打造物流与农业协同发展、满足新消费升级的产业联动模式，促进第三方物流企业与农资市场、农产品市场、农业大户共建联盟，强化物流业对农业的支撑带动作用。加大对农产品冷链物流基础设施的投入，尽快建立与温州特色农产品相适应的冷链物流体系。支持供销社和邮政等物流体系在农村的发展，建立覆盖县、乡、村的农资配送网络。健全农产品全产业链的安全管控、质量检测和追溯体系，着力推动农业提质增效。

乡村物流补短板、强弱项工程

1. 改造提升乡村物流基础设施。深化县、乡、村三级物流网络节点体系建设，加强农产品冷链物流设施建设，推进乡村物流网络节点整合提升。

2. 培育壮大乡村物流市场主体。培育乡村物流龙头骨干企业，引导各方主体参与乡村物流市场，推动乡村物流服务模式创新发展。

3. 提升乡村物流规范化运营水平。建立乡村物流服务标准体系，制定乡村物流设施配建用地标准，推动农产品市场流通标准体系建设，开展乡村物流标准化试点工作。

4. 提升乡村物流数字化服务水平。加快构建县级物流公共信息平台，提升乡村物流网点信息化水平，加快数字乡村物流"新基建"发展。

（三）高效便民的物流服务体系

1. 提升物流信息化发展水平

（1）建设温州物流信息枢纽港。依托国家综合物流信息平台，应用大数据、区块链、物联网等技术整合全市综合物流资源，打造温州物流信息枢纽港，统筹物流、资金流和信息流，建设统一的大数据基础交换网络和跨部门信息共享机制，提供产业政策、规范标准、行业动态、市场信息等服务。推动市现代集团等"四港"联合会成员企业发起成立温州市四港联动发展有限公司，具体负责开发、运营、维护温州物流信息枢纽港，搭建城市绿色货运配送信息平台、义新欧班列信息平台、海运信息平台、航空运输信息平台、公路运输信息平台等，挖掘温州市物流市场潜力和开拓新业务，实现资源最优化、效益最大化。

温州物流信息枢纽港

温州物流信息枢纽港，主要依托国家综合物流信息平台，运用"互联网+"思维，应用大数据、区块链、物联网等技术，整合温州市交通物流信息，实现数据要素资源的更优组合和配置，产出更为高效的物流与供应链解决方案。

温州市四港联动发展有限公司，由市现代集团等"四港"联合会成员企业发起成立，负责开发、运营、维护温州物流信息枢纽港。

```
                        ┌──────────────┐
                        │ 国家综合物    │
                        │ 流信息平台    │
                        ├──────────────┤
                        │   信息支撑    │
                        └──────────────┘
                              │
┌──────────────┐    ┌──────────────┐    ┌──────────────┐
│ 温州市交      │    │ 温州市四港联动 │    │ 温州市        │
│ 通运输局      │───▶│ 发展有限公司  │◀───│ 现代集团      │
├──────────────┤    ├──────────────┤    ├──────────────┤
│   业务指导    │    │ 开发、运营、维护│    │   发起控股    │
└──────────────┘    └──────────────┘    └──────────────┘
                              │
                    ┌──────────────┐
                    │ 温州市物流    │
                    │ 信息枢纽港    │
                    └──────────────┘
```

六大平台	六大功能
公共资源服务	社会资源服务	海运	义新欧班列
信息共享服务	物流应用服务	公路	绿配
行业标准服务	数据对接服务	航空	其他

温州物流信息枢纽港建成运营后，有利于实现物流业的降本增效，进一步构建高诚信、高效率、低成本的物流与供应链产业环境，推动温商回归、产业集聚与实体经济发展。

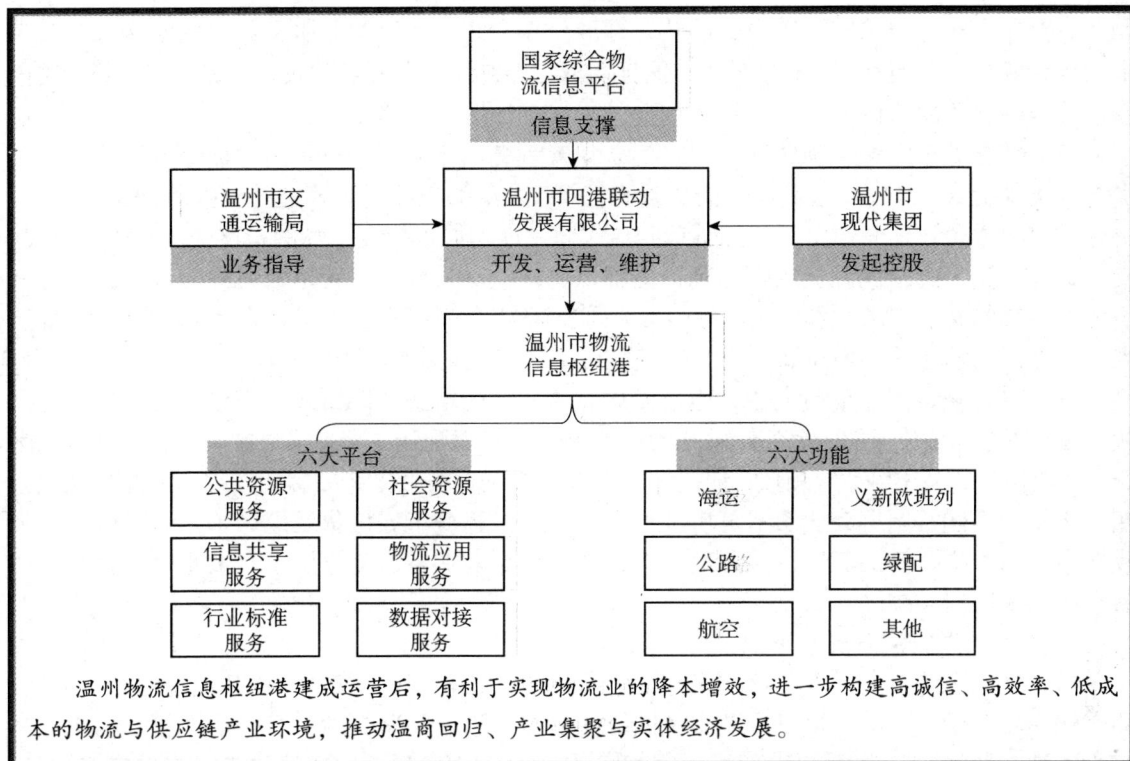

（2）加快物流新基建发展。加快数字化物流基础设施建设，推动港口码头、货运站场、物流园区、物流中心等智慧化改造，打造智慧港口、智慧口岸、智慧园区、数字仓库等设施网络。促进现代信息技术与物流园区枢纽运营管理深度融合，推动物流园区、大型仓储基地、大型快递分拨中心数字化改造，推广应用自动分拣、智能搬运和装卸、智能投递等智能物流装备。应用5G技术、物联网技术，鼓励货运车辆加装数字化智能设备，发展机械化、数字化、智能化立体仓库。开展全市智慧物流园区（中心）建设试点，为物流企业提供智能信息服务、园区物业信息化管理服务、"仓、运、配"物流供应链服务、产业支付与金融服务。推动物流装备智慧化升级，推广自动分拣机器人、无人机、无人车等智能装备应用，完善智能快件箱（信包箱）、冷链智能自提柜、智能充换电站等末端设施。

（3）加快物流企业数字化改造。鼓励重点物流企业积极进行数字化改造，通过精准、高效、智能的仓配一体化管理，带动物流行业转型升级，提升物流服务能力。打造智慧物流示范企业20家，破除物流企业"信息孤岛"，形成物流信息标准统一化，打通物流信息链，实现物流信息全程可控。依托温州市物流行业协会（商会）和温州市快递协会，推进云计算、大数据、物联网等数字技术在物流行业中的应用，促进物流服务可视化、可控化，提升物流企业智慧化水平。加快数字技术在快递行业中的应用，用数字化提升服务效率和客户体验，通过人工智能拣选货物、分发拨运，降低出错概率和人工成本，加快快递企业数字化转型。

2. 提升城市物流配送能力

（1）创新城市配送组织模式。结合新冠肺炎疫情后市区居民对线下配送的大量需求，以市场化运营方式引进社区配送企业，推广"统仓统配""多仓共配""共同配送""社区物流""无接触配送"等先进物流配送组织模式，提高配送效率和设备设施周转利用率。鼓励第三方物流企业建立多用户共同配送中心，开展标准化集中统一仓储配送服务。鼓励配送企业、电子商务企业与社区便利店合作，开展"网订店取"等配送末端网点建设，发展便利配送、便民收发的末端自助配送模式。

（2）完善城市配送车辆通行机制。建立完善"交通运输部门负责运力调控，商务部门负责配送需求引导，公安交通管理部门负责通行管理"的城市配送车辆通行管控协同工作机制。引导城市配送企业优先选用新能源货运配送车辆，推动城市配送车辆的标准化、专业化发展，支持社会资本参与新能源货运配送车辆运营，支持融资租赁等创新运营模式。根据新能源货运配送车辆的充电需求，引导充电桩（站）向货运配送三级网络节点及商贸区、物流集聚区、大型公共活动场所等区域布局，为新能源货运配送车辆充电提供便利和优惠。

（3）培育城市配送市场主体。通过"集中扶持、内培外引"模式，积极培育一批运作高效、服务规范、绿色节能、示范作用强的创新型城市货运配送企业。重点围绕生鲜食品、农副产品、快消品、医疗用品等领域，加快配送企业规模化、网络化和品牌化发展。发挥市现代集团、市交运集团等国有企业的示范引领作用，发起组建城市绿色货运配送示范企业联盟，吸收城市货运配送、商品流通、园区站场等领域优质企业加盟，构建资源高效整合、信息互联共享的共赢格局。

3. 提升快递物流发展水平

（1）完善快递物流空间布局。构建以温州市航空物流园区为核心，以其他快递物流园区、县级快递转运中心为节点，以乡镇服务网点和村级快递公共服务站、智能快件箱（信包箱）等为末端支撑的快递服务空间布局。积极招引国内外领军快递企业在温州市设立供应链总部、云仓总部和区域总部，布局航空寄递枢纽和大型分拨中心。推动快递"上机上铁"，拓展机场、铁路快递绿色通道，大力发展航空快递，鼓励发展高铁快递。

（2）加强快递基础设施建设。推进韵达浙南（温州）快递电商总部基地、京东瑞安智能供应链产业园等建设，拓展邮政滨海处理中心、顺丰浙南产业集聚区分拨中心功能。推动社区、机关、高校等划定专门派件区域或建设快递服务站点，实施快递进学校、进社区、进机关"三进"工程。支持县级公路客货运站配套建设快递作业设施，拓展乡镇客运站快递中转及收投服务功能，支持邮政设施向快递企业开放。整合优化农村综合服务社、村邮站、供销服务点、便利店、小卖店等村级物流服务资源，加快智能快件箱（信包箱）、无人快递柜、生鲜冷链物流柜等末端智能物流设备在农村地区推广应用。

（3）推进快递业"两进一出"高质量发展。支持快递企业和邮政企业开展"快递服务进村"合作，支持供销社、电商平台及其他收投平台企业建设第三方收投平台，开展联收联投；推动农村邮政快递与交通、电商、供销等设施设备集约共享，提升农村快递服务水平。鼓励有条件的工业园区、小微企业园、电商园配套建设快递物流园（功能区），为"快递服务进厂"提供支持，推广订单快递、入厂物流、仓配一体、逆向物流等服务模式。鼓励快递企业建设集货仓、发展集拼和中转业务，创新"快递服务出海"模式，服务跨境电商发展。

（四）协同互动的物流开放体系

1. 大力发展跨境物流

依托自贸区温州联动创新区、中国（温州）华商华侨综合发展先行区、中国（温州）跨境电商综合试验区、温州综合保税区等高能级开放平台建设，推动跨境电子商务全球供应链创新，加速形成集制造、交易、集货、支付、物流、结算、结汇等于一体的全链条生态圈，促进跨境电子商务产业向规模化、标准化、集群化、规范化方向发展。支持企业创建面向东南亚、南美等地区的专线物流业务，鼓励第三方物流企业联合温州商贸流通龙头企业在"一带一路"沿线国家或欧美等地建立海外公共仓，加强跨境转运、海外自提等业务布局，为温商企业跨国经营和产品销售提供跨境物流服务保障。优化义新欧班列开行方案、装车计划和装载方案，进一步做好货源、箱源、车源、报关的组织工作，发展"公共班列""定制专列""散发班列""拼箱班列"，为跨境电商企业和外贸企业提供精准服务。优化提升国际邮件互换局功能，提升进出境邮件快件处理能力和通关服务水平，加快建设国际快件监管中心，打造邮件、快件、跨境电商"三关合一"的公共监管处理场所，推动市内邮件、快件和货物通关安检一体化。

2. 创新发展保税物流

（1）高水平运营温州综合保税区。围绕新兴高端智能外销制造集聚地、温州优质传统产业外销制造集聚地和温州跨境电商集聚地"三大集聚地"建设，加大对加工类企业、商贸类企业和跨境电商平台企业的招引力度，积极发展保税加工、保税物流、保税服务等多种业态。结合展示交易、资金结算等延伸功能，开展仓单质押、流通监管、设备融资租赁等供应链金融服务，推进机构招商与战略合作，为全球温商提供市场要素的最优化配置和商机共享服务，打造产业化、模块化的经营格局。创新温州综合保税区业务及监管模式，打造以保税物流为核心的国际物流综合服务平台，提高跨境物流效率，形成规模化、集约化、快捷高效的现代保税物流功能体系。

（2）构建"一心两翼"保税物流体系。创新高端物流业务，集聚高价值货源，强化国际物流与商贸、金融、信息跨界融合，探索推进以温州综合保税区为"核心"，以乐清湾港区B型保税物流中心和瓯海潘桥保税物流园为"两翼"的保税物流空间布局，提高跨境物流效率，吸引国际知名的全球物流与供应链企业入驻。依托乐清湾港区B型保税物流中心，发展保税货物的国际采购、中转集拼、分拨配送、融资租赁、转口贸易及配套的检测维修等服务，满足货物进出口和国际中转需求。支持瓯海发挥省级物流综合改革试点效应，谋划建设潘桥保税物流园，加快形成物流总部集聚区，引导物流向高端智能化发展，形成生产链、供应链、物流链闭环体系。

（五）创新引领的物流发展体系

1. 加快物流新业态创新发展

（1）推广物流新技术、新装备应用。加快新技术、新装备在物流领域的推广应用，推动运输结构优化调整，提高多式联运效率。加快立体库、自动分拣系统、分拣机器人等先进技术与物流数据系统不断融合创新，推进现代物流仓储服务向柔性化、模块化、智能化方向发展。加快普及无人配送车、智能快件箱（信包箱）、货物追踪追溯系统等先进设备，提升物流终端配送效率。鼓励以标准托盘、周转箱为物流单元进行采购订货、物流运作、收发货和验货，减少中间环节和货物损耗，提升供应链单元化水平。推广新能源货运配送车辆的应用，鼓励温州市从事生活必需品、药品、生鲜农产品及冷藏保鲜产品城市配送的企业使用节能与新能源车辆。

（2）发展物流新业态、新模式。推广城市共同配送模式，在共同配送试点城市的基础上，深入推进农产品、家电、医药等领域的共同配送，引导大型零售企业、专业批发市场与第三方物流企业合作，共建配送中心，集中统一配货，实现商品流通效率最大化，提升流通领域供应链效率。推广多式联运的组织模式，大力发展铁水联运、公铁联运、陆空联运等先进运输组织方式，发挥铁路、水运干线运输优势，提高运输的组织化程度，形成一单到底、多式联运、高效运转的多式联运物流体系。推广甩挂运输，重点支持多式联运甩挂、企业联盟甩挂、网络型甩挂、干线运输和城市配送衔接甩挂等模式的发展。

（3）推进物流降本增效试点示范。鼓励各县（市、区）推进特色化的物流降本增效创新试点，提出具有创新性、代表性和典型性的物流降本增效改革方案，推动温州市物流特色化高质量发展。推进温州市物流领域"放管服"改革，适应物流企业网络化经营特点，优化行政审批办理流程，探索建立物流领域审批事项的"单一窗口"，实现企业办事"最多跑一次"。推进城乡高效配送体系建设省级试点，加强城乡物流软硬件设施建设，创新城乡配送服务模式，发展城市配送和农村物流，形成可复制、可推广的城乡高效配送经验模式。支持温州市新业态、新模式企业开展物流模式、物流技术、绿色物流及物流标准化试点，形成一批示范经验和试点成果。

2. 加快物流市场主体培育壮大

（1）引进发展物流领军企业。加大招商引资力度，引进国内外物流领军企业区域总部、功能总部落户温州市，提高温州市物流业发展档次。利用国内外（特别是回归温商）的资金、设备、技术，参与重大物流项目的建设和经营。在港口物流、航空物流、电商快递、冷链物流、城市配送、专业物流等重点领域力争引进 10 家以上物流领军企业，重点引进国内外供应链企业、物流地产商、物流信息服务商、快递企业等在温州市落地，招引 5A 级物流企业在温州市建立区域总部。

（2）培育发展物流龙头企业。按照"扶大、扶优、扶强"原则，实施大企业、大集团带动战略，促进物流业规模化和专业化经营。支持市现代集团、市交运集团等国有企业深耕物流业发展，有效整合仓储用房和公交站场，探索向民营物流企业开放物流站场资源，加快建设物流中心、公共配送中心和末端公共配送站点。鼓励企业申报评选国家 A 级物流企业，到 2025 年新增 3A 级（含）以上物流企业 30 家，力争培育 5A 级物流企业或上市物流企业 1 家。支持大中型物流企业规模化、集约化经营，引导具备条件的货运企业向综合物流服务商转型发展，组建现代物流企业联盟 5 家以上。

3. 推进冷链物流创新发展

（1）布局完善冷链物流网络节点。将全市与冷链相关的种植饲养、生产制造、流通加工、仓储配送，以及冷冻冷藏、展示交易场所统一纳入冷链物流功能节点，完善冷链物流"骨干基地—物流园区—分拨中心—配送网点"四级功能布局体系，争取立项省级冷链物流骨干基地和冷链物流园区试点各 1 个。冷链物流骨干基地布局在浙南产业集聚区现代冷链物流中心，主要服务大规模冷冻冷藏、应急物资储运、国际国内集散分拨、批发交易等。冷链物流园区重点布局在城市周边和农产品产地附近，主要承担流通加工、重点区域储备和批发零售等功能。冷链物流分拨中心重点在产地与销地之间合理布置，主要承担采摘捕捞、预冷保鲜、分级分拣、包装加工、仓储配送等工作。冷链物流配送网点重点布局在县（市、区）中心区域的农产品批发交易市场、大型商超和城镇社区内，主要承担城乡居民零售商品的保鲜和配送等服务工作。

（2）大力发展冷链物流新业态。组织开展农产品直供冷链物流试点，推广"连锁直销+冷链配送""网络化冷库+生鲜加工配送""生鲜电商+冷链宅配""生产基地+中央厨房+销售终端"等新型冷链物流业态，提升农产品流通水平。加快构建生鲜电子商务交易平台，鼓励快递物流企业与生鲜电商协同发展，实现精准营销、高效配送，发展特色农产品冷链物流服务。围绕中国（温州）跨境电子商务综合试验区建设，鼓励发展农产品跨境电商，依托浙江省进口冷链食品集中监管仓，开展进口和出口农产品冷链物流服务。

（3）加快拓展冷链物流新场景。探索拓展冷链物流无接触式配送场景，合理利用无人机、无人车、冷链智能自提柜等设施设备，根据果蔬、肉禽、医药、乳制品等冷链产品的不同温控需求，在城市社区、高校开展无接触式配送试点工作。引导企业围绕冷链物流行业发展短板，应用 5G、大数据、区块链、物联网等新技术积极开展一体化冷链集成方案、冷链技术装备升级、冷链质量追溯和安全监管等场景应用创新。加快冷链物流大数据挖掘应用，为冷链物流各类参与主体提供分类、定时、定点的精细化服务。

（六）绿色安全的物流保障体系

1. 推动绿色物流创新发展

（1）推进设施设备绿色化。鼓励节能环保载运设备在城市配送中的应用，全面推广新能源或达到"国六"排放标准的清洁能源车辆、装卸机械等运输装备，在提高门对门服务水平的同时，实现绿色经营，减少碳排放。鼓励采用低能耗、低排放运输工具和节能型绿色仓储设施，推广集装单元化技术。在工业园区、社区、高校、商务中心等场所，规划建设一批物流共配终端和可循环包装回收设施；在城市工业化更新和存量住房改造提升、城镇老旧小区改造时，建设物流共配终端和可循环包装回收设施；破解制约绿色设施设备进企业、社区和公共场所的政策障碍，实行保障设施用地、减免设施场地占用费等支持政策，积极开展可循环包装规模化应用试点工作。

（2）推进绿色物流标准化。大力推进多式联运、甩挂运输等先进的货运模式，推动绿色货运模式和标准创新。积极制定并应用物流信息标准、服务标准和管理标准，支持仓储设施、搬运工具、配送工具、装卸货站点等公共基础设施设备的标准化建设和改造。在物流仓储、电商快递等领域，通过设备租赁、融资租赁等方式，积极推广可循环、可折叠包装产品和物流配送器具，培育一批绿色物流标准化示范企业。

2. 保障物流行业安全运营

（1）提高物流安全智控水平。建立数据共享和安全监管机制，实现安全隐患的事前预警。统筹部署各种动态实时监测技术与物流安全装备的应用，加强推广 GPS、GIS 等信息动态采集、视频监控应用，实现对重大危险隐患的探测、定位和信息获取，提高物流安全生产监管能力。加强冷链物流渠道安全防控，推广冷链物流信息全链条追溯监管，对进口肉禽类、水产品等重点冷链食品建立从"首站到终端"全过程冷链食品质量追溯链条，落实食品安全主体责任。

（2）加强寄递行业安全管理。全面摸排各类物流寄递企业，建立档案台账，强化行业备案管理，完善寄递安全工作体制。严格执行寄递物流的国家、行业、地方强制性标准，健全快递标准规范体系，加强快递从业人员寄递安全培训。落实"收寄验视、实名收寄、过机安检"三项制度。积极开展安全生产大排查和危险化学品自查,强化日常安全监督检查。加强快递行业监督管理,推动邮政、交通、公安等有关部门联动,提升寄递行业协同执法水平。

3. 加快应急物流体系建设

(1)优化应急物流体系。加强应急物流建设,以军民融合式应急物流为抓手,建立统一协调、反应迅捷、运行有序、高效可靠的应急物流体系,依托全市三级物流网络体系建设一批应急物资运输中转站,实现应急物资高效送达覆盖。发挥好平台型物流企业作用,联合冷链、危货、重载等公路运输企业、骨干航运企业及快递企业,探索建立政府主导、市场运营的新型应急物流运作模式。

(2)提升应急物流智能化水平。建立和完善应急物流信息系统,推进应急物流调度、运输、储备等环节的应急信息共享制度建设,形成部门间联动机制,提高应急物流效率和应急保障能力。打造分布式应急物流体系,形成一批具有较强应急物流运作能力的骨干企业,探索无人机、无人仓等新技术在应急物流领域的应用,提高应对诸如疫情、灾害等突发事件的处理能力。

五、保障措施

(一)强化组织领导

1. 加强组织协调

完善现代物流综合协调推进工作机制,建立常态化部门联席会议制度,分析和研究物流业发展中存在的重大问题,强化政府各职能部门间的协调配合,形成各级各部门齐抓共管、权责明确、协调联动、配合密切的统筹推进机制。

2. 强化组织实施

市里负责统筹抓总,各县(市、区)加强对物流业发展的组织协调,依据温州市"一平台四城市"物流发展格局,出台配套政策,制定工作方案,明确推进措施。对重大物流项目实行"一事一议",合力推进物流业的高质量发展。

(二)强化要素保障

1. 用地保障

加大物流用地支持,多渠道整合盘活存量土地资源,用于物流业发展。推进物流供地模式改革,鼓励通过弹性出让、长期租赁、先租后让、租让结合等方式供应物流用地。充分考虑物流设施公共属性,适当降低物流用地的投资强度、税收贡献等门槛要求,深化物流业"亩均论英雄"综合评价,完善以综合社会效益为导向的物流用地考核标准体系。

2. 资金保障

发挥市现代物流业发展专项资金作用,重点在智慧物流园区评定、物流企业信息化建设、物流设施设备提升、A级物流企业培育、物流标准化建设等方面给予支持。积极引导银行等金融机构加大对物流企业的信贷支持力度,加快推动适合物流企业特点的金融产品和服务方式创新,探索抵押或质押等多种贷款担保方式,提高服务物流企业的金融支持力度。

3. 人才保障

积极适应现代物流业发展需求，围绕跨境物流、冷链物流、城市配送、应急物流等重点领域方向，建立完善多层次物流专业人才培养体系。引导企业和浙江工贸职业技术学院、浙江东方职业技术学院等本地高校建立产教融合的对接机制，建立一批产教深度融合的实习基地。积极推广物流企业职业技能等级认定试点，开展项目制职业技能培训并考核发证，提高物流行业员工技能水平。

（三）强化标准建设

1. 提高标准化水平

积极参与国家物流标准制定。建立健全物流行业标准体系，重点参与推进城市配送物流标准化、物流园区标准化、港口物流标准化、航空物流标准化、冷链物流标准化等工作，争取将温州市物流标准升级为区域或国家物流标准。

2. 实施标准化试点

以城市物流标准体系建设、托盘标准化及循环共用为切入点，开展物流设施标准化的升级改造工作，推广和普及物流标准，实现物流标准在重点物流企业的应用。推动先进技术、标准化设备的应用，支持改造或租用标准化仓库，规范厢式标准配送车辆，建立托盘共用循环系统。

（四）营造良好环境

1. 优化营商环境

制定出台《温州市物流业高质量发展行动计划》，推进物流领域"放管服"改革，加强政府部门间的工作协同和信息共享，实现企业办事"最多跑一次"。鼓励跨区域合作，破除物流发展面临的行政壁垒和政策障碍，推进物流一体化集约化发展，加强物流领域数字化改革，持续缩短企业投资项目审批时限，减少审批事项，提高办事效率，营造开放包容的物流营商环境。

2. 加强统计监测

编制温州市物流业监测指数，加强对物流市场的统计监测，提高预测预警水平和服务能力，强化政府宏观管理职责。建立 A 级物流企业联系制度，重点监测物流业务、物流效率、物流效益、物流投入、物流发展预期等指标变动情况，以季度和年度监测报告形式开展重点物流企业动态统计监测。

3. 发挥社会组织作用

切实发挥社会组织的桥梁作用，支持行业协会、商会做好调查研究、技术推广、标准制定、宣传推广、信息统计、咨询服务、国际合作等方面的工作。开展国家 A 级物流企业的评定申报，加强行业基础性工作，推动行业自律规范和诚信体系的建设。

附表：1. 温州市七大物流集聚区（物流园区）
  2. 温州市现代物流业发展"十四五"规划重大物流项目
  3. 温州市现代物流业发展"十四五"规划物流通道项目

附表 1　温州市七大物流集聚区（物流园区）

序号	平台名称	规划面积（亩）	集疏运条件	功能定位	"十四五"发展目标	"十四五"重点工作举措	责任单位
1	乐清湾物流园区	2000	公路：甬台温高速复线、绕城高速北线、乐清湾跨海大桥、104 国道 港口：温州港乐清湾港区 C 区 铁路：乐清湾港区铁路支线	综合服务型	新建 3 个 10 万吨级通用泊位及配套设施，码头年吞吐量达 1670 万吨，年通过能力达 1840 万吨；加速区域产业聚集，建设区域性综合物流中心	重点构建"水铁联运"物流基地，发展大宗散货运输，承接瓯江港区和状元岙港区大宗散货业务，联动状元岙港区发展集装箱海铁联运业务。加快 C 区项目建设，完成高嵩变电站、沙港路等配套设施。组织召开乐清湾铁路支线推荐会，邀请乐清市大型企业和物流企业共同参与，减少铁路货物发送的培育期	乐清市政府
2	温州市航空物流园区	2700	公路：金丽温高速公路、瓯海大道、滨海大道 铁路：温福高铁、杭温铁路、沪甬温高铁、市域铁路 S1、S2、M2 线 航空：温州机场综合交通枢纽	综合服务型	建设配套设施完善的国际综合航空物流中心，力争建成温州机场三期扩建物流货运区项目，新建货运库约 5.2 万平方米及货运配套设施	以航空物流、货运代理、货邮仓储、综合服务为主导功能，打造高端综合航空物流平台。发展高端冷链物流、跨境电子商务等综合物流业务	温州机场集团
3	瓯江口物流园区	2700	公路：330 国道、甬台温高速复线 港口：状元岙港区 机场：龙湾机场	综合服务型	以发展成为国际中转物流园区为目标，打造以市场信息为基础、以产品配送为主业、以现代仓储为配套、以多式联运为手段、以商品交易为依托的综合型物流园区	重点发展保税物流，吸引国际高端产业链转移、推进上下游保税物流的运作，促进商品出口由粗放式、低附加值向出口深加工、高附加值转变	瓯江口产业集聚区管委会
4	瓯海潘桥物流园区	1320	公路：104 国道、S10 温州绕城高速西南线 铁路：温福铁路	货运服务型	打造服务温州全市，以货运和配送为主要功能的综合物流基地，成为温州货运的"交通枢纽港"和温州市物流集散中心	重点发展集疏运体系、仓储、配送、运输、中转和流通加工、信息处理等功能	瓯海区政府
5	瑞安江南物流园区	3800	公路：104国道、322国道、沈海高速、S10 温州绕城高速 铁路：温福铁路	商贸服务型	以商贸物流为特色，集货运配载、商贸物流、物流企业总部、城乡配送、物流金融等服务于一体的综合性物流园区	加快现代化立体仓库和智慧化园区建设，提升物流社会化、专业化、集聚化水平	瑞安市政府

续表

序号	平台名称	规划面积（亩）	集疏运条件	功能定位	"十四五"发展目标	"十四五"重点工作举措	责任单位
6	鹿城西部多式联运枢纽	735	公路：金丽温高速、诸永高速、沈海高速、绕城高速、G322、G330 铁路：金温铁路、温武吉铁路、义新欧班列 水路：瓯江航道	综合服务型	依托铁路、公路、水运初步打造多式联运示范基地	选址于鹿城区藤桥镇东部，与轻工产业园、鞋都和鹿城轻工产品交易中心等产业区联系便捷，建设多式联运基地	鹿城区政府
7	温州南部副中心综合物流园	2000	公路：沈海高速、甬台温高速复线、104国道 铁路：温福铁路、温武吉铁路 港口：平阳港区、苍南港区	货运服务型	提供集散、仓储、配送、运输、中转等物流服务，打造南部副中心货运物流枢纽	依托甬台温高速口、228国道、216省道等交通基础设施，建设仓储配送一体化枢纽	平阳县政府、苍南县政府、龙港市政府

附表2 温州市现代物流业发展"十四五"规划重大物流项目

序号	项目名称	建设地点	建设起止年限（年）	建设规模和内容	总投资（亿元）	"十四五"投资（亿元）	责任单位
1	正新供应链基地	鹿城区	2019—2022	选址鹿城区仰义街道，用地面积104亩，建筑面积10.9万平方米，打造全省最大的集食品研发创新、检测认证、包装印刷、冷链物流、人才培训于一体的现代食品工业示范基地	10.6	9.0	鹿城区政府
2	状元岙区物流园	洞头区	2022—2025	选址状元岙港区，用地面积200亩，建设具备综合服务功能，形成公水联运一体化的现代物流园区	2.5	2.5	洞头区政府
3	洞头冷链物流中心	洞头区	2021—2023	用地面积约763.3亩，主要建设专业冷库、仓储设施设备生产厂房、智慧化物流货物操作中心、分拣中心、仓储中心等，总建筑面积约52万平方米	2.2	2.2	洞头区政府
4	乐清湾港区保税物流中心（B型）及配套工程	乐清市	2020—2022	用地面积303亩，主要建设保税仓库、海关监管设施、现场办公用房、展示交易中心及公共停车场等，打造浙南、闽北进口商品集散中心	7.0	6.8	乐清市政府

序号	项目名称	建设地点	建设起止年限（年）	建设规模和内容	总投资（亿元）	"十四五"投资（亿元）	责任单位
5	博科供应链项目	乐清市	2020—2022	选址乐清湾港区，用地面积262亩，主要建设新零售供应链管理中心、中央智能分拨中心、互联网物流中心、储运加工中心等功能区块，打造国内一流的物流产业园，同时为本地企业提供物流仓储和加工服务，总建筑面积约23万平方米	11.0	4.8	乐清市政府
6	柳市长岐物流园	乐清市	2022—2028	选址乐清柳市，一期用地面积500.7亩，主要建设车联网运营服务中心、全球采购与交易中心、综合配套服务中心、供应链创新与应用中心、云仓与大数据中心、流通加工中心六大功能区	16	8	乐清市政府
7	乐清市农产品四位一体交易中心	乐清市	2022—2025	用地面积130亩，建设集农副产品销售、加工、冷链配送、仓储功能于一体的交易中心	13.0	13.0	乐清市政府
8	京东瑞安智能供应链项目	瑞安市	2019—2023	用地面积400亩，建设内容包括仓储设施设备生产厂房、智慧化物流货物操作中心、分拣中心、仓储中心等	20.5	19.2	瑞安市政府
9	温州易瑞智慧物流供应链项目	瑞安市	2019—2022	选址瑞安丁山二期，用地面积130亩，打造生态型供应链综合体，包含仓储功能区、电商产业区、结算贸易区、信息交易中心区结算中心等多种配套设施，建筑面积13万平方米	3.3	2.4	瑞安市政府
10	韵达浙南快递电商总部基地项目	永嘉县	2020—2022	选址永嘉黄田，用地面积203亩，总建筑面积16.5万平方米，形成快递5000万件、快运4500万件、货运750万吨能力的快递总部基地	15.2	12.5	永嘉县政府
11	文成县智慧物流园	文成县	2022—2027	建成县、乡、村三级现代物流体系。项目总用地700亩，其中物流园400亩，建设货运作业区、公共服务区、保税仓库、一般仓储区和增值作业区	22.0	16.0	文成县政府
12	万科温州仓储机器人研发应用中心	平阳县	2019—2022	用地面积285亩，主要建设集智慧仓储、智能分拨等功能于一体的高标准现代物流供应链设施	11.0	5.8	平阳县政府
13	海西镇现代物流园	平阳县	2021—2025	用地面积150亩，主要建设分拨中心、智能仓储、配套中心，打造物流企业、贸易企业及供应链服务商的"供应链一体化"智能共享产业园	4.0	4.0	平阳县政府

序号	项目名称	建设地点	建设起止年限（年）	建设规模和内容	总投资（亿元）	"十四五"投资（亿元）	责任单位
14	万全镇现代物流园	平阳县	2022—2025	一期规划用地300亩，二期规划用地200亩。利用万全瑞鸟全国首个菜鸟网络3PL仓的先进互联网技术、社会化的基础设施平台，建设大型现代综合物流园	3.0	3.0	平阳县政府
15	水头镇现代物流园	平阳县	2022—2025	用地面积100亩，打造日运输量2000吨，运输车辆100辆，覆盖全国物流网点的北港物流集散地	1.0	1.0	平阳县政府
16	萧江镇现代物流园	平阳县	2022—2025	用地面积100亩，建设物流综合楼、仓储设施、配送中心、中转仓库、加油站及酒店等，打造集交易、配送、信息、服务于一体的现代化物流产业园	3.0	3.0	平阳县政府
17	泰顺县交通综合枢纽中心	泰顺县	2021—2026	用地面积208亩，主要建设站场、集散中心、综合供能站等	7.0	6.5	泰顺县政府
18	浙南（泰顺）国际农产品加工产业园	泰顺县	2021—2023	选址罗阳镇新城区，用地面积约200亩。主要建设农业展览馆、农产品批发市场、康养中心、冷链仓储、总部大楼、商业街区等，建筑面积约27万平方米	14.0	14.0	泰顺县政府
19	苍南海西物流园	苍南县	2020—2022	用地面积284亩，建设智慧物流产业园，浙南和闽北的智慧仓配中心	6.0	5.5	苍南县政府
20	苍南县江南物流中心	苍南县	2022—2025	选址江南客运中心，物流中心用地面积300亩，主要建设商务大厦、高标准仓库、露天仓库、第三方物流企业集中区，停车场、宿舍楼、食堂、洗修车间、加油站等配套设施	10.0	10.0	苍南县政府
21	龙港智慧物流园	龙港市	2021—2024	用地面积209亩，打造供应链集成中心、快递电商中心、人才配套中心	12.0	12.0	龙港市政府
22	温州综合保税区一期工程	瓯江口	2020—2028	温州综保区一期面积1747亩，主要由海关监管基础设施、跨境电商园、保税加工中心、保税研发中心、保税物流中心、综合服务中心、工业拓展区等组成	60.0	30.0	瓯江口产业集聚区管委会
23	百世快递温州转运中心（龙湾丰树物流园）	浙南产业集聚区	2019—2021	用地面积120亩，建设百世快递温州转运中心，智能云仓，处理智能快件	2.0	1.5	浙南产业集聚区管委会

附表3 温州市现代物流业发展"十四五"规划物流通道项目

序号	项目名称	建设地点	建设起止年限（年）	建设规模和内容	总投资（亿元）	"十四五"投资（亿元）	责任单位
1	缙云至苍南公路鹿城临江至藤桥段工程	鹿城区	2020—2023	起点位于瓯江五桥南汉桥桥头，终点位于藤桥镇雅漾，与渔藤公路相接，全长10.2公里，采用二级公路标准建设，设计速度80公里/小时，路基宽度12米	7.9	7.9	鹿城区政府
2	金温铁路鹿城外垟至双岙段迁建工程	鹿城区	2023—2026	包括铁路改线工程、温州西货运站迁建工程等	39.0	20.0	温州市铁路与轨道交通投资集团、鹿城区政府
3	温州东部综合交通枢纽	龙湾区	2022—2028	以甬台温福高铁温州东站和温州机场综合交通枢纽、T2航站楼为基础，建设多种运输方式零换乘的综合交通枢纽	92.0	30.0	温州市铁路与轨道交通建设管理中心
4	温州港核心港区深水进港通道工程	洞头区	2020—2022	温州港核心港区现有航道自然水深最浅点12.4米，5万吨级船舶需乘潮进港，通过进港航道工程的实施，经过疏浚，航道将可达到5万吨级船舶双线、26.6万立方米LNG船单线全潮通航、10万吨级船舶单线乘潮通航要求	4.0	3.7	温州市港航管理中心
5	温州港状元岙港区二期工程	洞头区	2014—2027	拟规划建设3个5万吨级（水工结构按靠泊10万吨级）集装箱专用泊位及配套设施，泊位长度969m，设计年吞吐量130万TEU	28.6	10.0	温州港集团有限公司
6	S211省道洞头霓屿至北岙段工程	洞头区	2021—2024	全长5.04公里，双向四车道一级公路；其中3786米主线特大桥1座，948米大桥2座，桥梁合计4734米（3座）；隧道214米（1处）；平面交叉2处	20.4	15.0	洞头区政府
7	325省道洞头至庆元公路洞头沙岙至岙底段工程	洞头区	2019—2022	主要内容包括全长4.7公里的二级公路，其中隧道长约2.2公里；岙底至兰湖洞接线公路	2.9	0.1	洞头区政府

序号	项目名称	建设地点	建设起止年限（年）	建设规模和内容	总投资（亿元）	"十四五"投资（亿元）	责任单位
8	温州港乐清湾港区 C 区一期工程	乐清市	2019—2027	乐清湾北港区，拟建设规模为 3 个 10 万吨级散货泊位及 1 个 1 万吨级散货泊位。使用岸线 880 米，设计年吞吐量 920 万吨，通过能力 950 万吨	29.0	13.0	温州港集团有限公司
9	乐清市 228 国道至 323 省道连接线建设工程	乐清市	2019—2023	起点为疏港公路，终点为雁楠公路，建设里程 6.862 公里，道路宽度为 32 米，为一级公路兼顾市政，设计车速 80 公里/小时	9.8	8.2	乐清市政府
10	甬台温高速公路乐清段增设柳市互通项目	乐清市	2021—2023	主线拼宽约 1.041 公里，匝道总长约 2.958 公里，设置桥梁 440 米（3 座），收费站和管理用房 1 处；匝道采用单向和双向两种，单向车道宽 9 米，双向车道宽 16.5 米。收费站采用 4 进 6 出方式，收费采用 ETC 和计重收费。互通连接线采用一级公路标准，全长 2.2 公里，路基宽 25.5 米，设计时速 80 公里/小时。连接线设置桥梁 820 米（2 座），隧道 230 米（1 处）	9.8	9.8	乐清市政府
11	325 省道翁垟至黄华段工程	乐清市	2021—2023	路线总长 5.9 公里，宽度 25～34 米	6.0	6.0	乐清市政府
12	瑞安陶山至瑞安东高速公路（甬台温复线至绕西南联络线）	瑞安市	2022—2025	双向六车道高速公路	115.0	115.0	温州市交通发展集团
13	215 省道安吉至洞头公路永嘉巽宅至桥下段工程	永嘉县	2018—2022	全长 33.5 公里；其中主线一级公路 5.5 公里、二级公路 25.7 公里；支线二级公路 2.3 公里	20.1	8.0	永嘉县政府
14	323 省道路桥至永嘉公路永嘉张溪至岩坦段工程	永嘉县	2020—2022	全长约 4.8 公里，二级公路标准建设	2.2	2.2	永嘉县政府

序号	项目名称	建设地点	建设起止年限（年）	建设规模和内容	总投资（亿元）	"十四五"投资（亿元）	责任单位
15	324省道洞头至庆元公路永嘉乌牛至桥下段工程（一期）	永嘉县	2020—2022	起点位于乌牛镇永乐河北面乐清、永嘉交界处，终点位于桥下镇方岙村附近，线路长约28.3公里，按照双向四车道一级公路技术标准设计，设计速度80公里/小时（局部困难路段60公里/小时），路基宽度为23米	2.0	1.6	永嘉县政府
16	诸永高速公路延伸线增设温州北站互通工程	永嘉县	2021—2023	互通工程一处，互通连接线采用一级公路标准，设计速度60公里/小时，路基宽度23.5米，双向四车道	8.8	8.8	永嘉县政府
17	合肥至温州高速（温州段）	永嘉县	2024—2028	线路起于永嘉仙居交界，接合肥至温州高速台州（仙居）段，向南经永嘉界坑、巽宅、碧莲、茗岙、昆阳、徐岙、桥下、桥头，终点与温丽高速相接，温州段长约50公里，碧莲以北段采用双向六车道高速公路，碧莲至桥头段采用双向四车道高速公路，设计速度100公里/小时	110.0	10.0	浙江省交通投资集团、永嘉县政府
18	绕城高速乌牛互通及连接线工程	永嘉县	2021—2023	起于永嘉乌牛街道开洋村，接七都大桥北汊桥，终点为乌牛互通（新建），全长2.5公里，按一级公路标准建设	16.0	16.0	温州市交通发展集团
19	青田至文成高速（文成段）	文成县	2022—2026	主线全长58.9公里（文成段长21.4公里），双向四车道高速公路	50.0	20.0	温州市交通发展集团
20	G4012溧宁高速浙江景宁至文成段	文成县	2019—2022	项目起点设在浙江省景宁县鹤溪镇北部，顺接已通车的云和至景宁高速公路终点，路线经景宁澄照、东坑，进入文成西坑、富岙，至文成县城顺接文成至泰顺段，同步建设西坑连接线长约8.244公里	71.3	20.0	浙江景文高速公路有限公司
21	220省道青田至泰顺公路文成玉壶至渡渎段改建工程	文成县	2019—2022	路线全长约27.7公里，双向二车道的二级公路设计标准	13.9	7.0	文成县政府

续表

序号	项目名称	建设地点	建设起止年限（年）	建设规模和内容	总投资（亿元）	"十四五"投资（亿元）	责任单位
22	235国道改建工程	泰顺县	2020—2026	续建235国道泰顺司前至罗阳段改建工程，开工景泰交界至泰顺司前段改建工程，建设里程约29.4公里	34.0	25.0	泰顺县交通投资有限公司
23	苍南港区舥艚作业区一期工程	苍南县	—	0.5万吨级泊位11个	21.0	7.0	苍南县政府
24	瓯江港区灵昆作业区通用泊位三区工程	瓯江口产业集聚区	—	1万吨、2万吨级泊位9个，通过能力900万吨	30.0	—	瓯江口产业集聚区管委会
25	温州港瓯江港区24–28#通用泊位	瓯江口产业集聚区	2022—2025	项目位于温州港瓯江港区灵昆作业区，计划新建5个5000吨级通用泊位及相关配套设施	11.1	11.1	瓯江口产业集聚区管委会
26	温州浙南沿海先进装备产业集聚区经开区海城东溪至西一段公路工程	浙南产业集聚区	2020—2022	工程西起大罗山环山南路瑞安段终点，东至丁山一期围垦线（现状海堤），道路设计长度约6.8公里，宽度60米。沿途设桥梁7座（其中3座大桥）；沿途有隧道1处，约长1665米（双洞平均）	16.0	11.0	浙南产业集聚区管委会
27	温州瓯江北口大桥工程	乐清市、瓯江口	2017—2021	双层，高速公路全长8公里，普通国道全长3.9公里	88.4	10.0	温州瓯江口大桥有限公司
28	乐清至青田高速乐清至永嘉段工程	乐清市、永嘉县	2022—2027	双向四车道高速公路	126.5	50.0	温州市交通发展集团
29	322国道改建工程	瑞安市、文成县	2020—2029	续建322国道文成西坑至景宁交界段改建工程，开工建设瑞安南滨至仙降段工程、瑞安一甲至岭脚段工程，建设里程约40公里	47.0	30.0	瑞安市、文成县政府
30	苍南至庆元高速苍南至泰顺段工程	苍南县、泰顺县	2022—2027	该项目为双向四车道高速公路，主线总体走向是自西向东，全长近100公里。设枢纽4处（泰顺枢纽、戬州枢纽、观美枢纽、马站枢纽），互通工程4处（下洪互通、泗溪互通、莒溪互通、埔坪互通）；服务区1处	140.0	50.0	温州市交通发展集团

序号	项目名称	建设地点	建设起止年限（年）	建设规模和内容	总投资（亿元）	"十四五"投资（亿元）	责任单位
31	温武吉铁路	沿线区域	2023—2027	途经浙江温州市和丽水市、福建南平市、江西抚州市和吉安市，线路全长691公里，温州境内约101公里，速度目标值200公里/小时	120.0	60.0	温州市铁路与轨道交通建设管理中心
32	金丽温高速公路东延线	沿线区域	2020—2023	项目主线全长约22.05公里，同步建设互通连接线1.55公里。项目主线按双向六车道高速公路标准设计，设计速度100公里/小时	110.2	70.0	温州金丽温高速公路东延线有限公司
33	瑞苍高速公路（龙丽温至甬台温复线）	沿线区域	2021—2025	项目为路线全长约52.650公里、路基宽度26.0米的双向四车道高速公路，设计速度100公里/小时，起点接龙丽温高速公路，终点接甬台温高速公路复线，中间接甬台温高速公路	159.5	159.5	温州瑞苍高速有限公司
34	温州高速互通建设工程	全市	2019—2028	续建甬台温高速，增设平阳北互通工程、鳌江互通工程；新建甬台温高速柳市互通工程、甬台温高速复线芦浦互通及连接线工程、诸永高速温州北站互通及连接线工程、温州绕城高速乌牛互通及连接线工程、溧阳至宁德高速公路（G4012）浙江景宁至文成段文成南互通及连接线工程、甬台温高速复线机场北互通工程、诸永高速永嘉上塘互通工程、诸永高速枫林互通改造工程	83.0	60.0	各县（市、区）政府、功能区管委会
35	G15沈海高速公路北白象枢纽至南白象枢纽改扩建工程	鹿城区、龙湾区、瓯海区、乐清市	2023—2027	主线全长19.1公里，双向四车道扩建为双向八车道高速公路	57.0	20.0	温州市交通发展集团
36	104国道改建工程	鹿城区、瓯海区、瑞安市、永嘉县、平阳县、苍南县	2020—2029	续建104国道乐清虹桥至乐成段改建工程、西过境（永嘉、瓯海、鹿城、瑞安）、平阳段、苍南段，开工永嘉三江至黄田段改建工程、瑞安罗凤至塘下段改建工程，建设里程约109公里	210.0	50.0	各县（市、区）政府

续表

序号	项目名称	建设地点	建设起止年限（年）	建设规模和内容	总投资（亿元）	"十四五"投资（亿元）	责任单位
37	228 国道改建工程	龙湾区、乐清市、平阳县、苍南县、龙港市、瓯江口、经开区	2020—2029	续建 228 国道乐清乐成至黄华段工程、洞头灵昆段工程、瑞安飞云江三桥南延伸线工程、平阳榆垟至鳌江段公路工程、龙港至龙沙段工程、龙沙至岱岭段工程，开工建设龙湾永兴至海城段高架工程、蒲岐至经济开发区公路工程，建设里程约 111.5 公里	165.0	70.0	各县（市、区）政府、功能区管委会
38	330 国道改建工程	鹿城区、瓯海区、瑞安市、永嘉县、经开区	2020—2030	续建 330 国道瓯海区仙岩至丽岙段工程、鹿城官岭隧道改建工程、永嘉桥下至桥头段改建工程、瑞安场桥至罗凤段工程，开工鹿城藤桥段改建工程、瓯海潘桥至泽雅段改建工程，建设里程约 64 公里	65.0	45.0	各县（市、区）政府、功能区管委会